重庆邮电大学哲学社会科学学术文库
2017年重庆邮电大学博士启动基金项目资助（K2017-35）
2018年重庆邮电大学社会科学重大委托项目资助(2018KZD04)
2018年重庆市社会科学规划项目资助（2018BS127）

暂予监外执行制度研究

ZANYU JIANWAI ZHIXING ZHIDU YANJIU

汪友海◎著

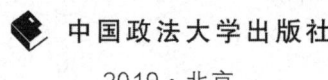

中国政法大学出版社

2019·北京

声　　明　　1. 版权所有，侵权必究。

　　　　　　2. 如有缺页、倒装问题，由出版社负责退换。

图书在版编目（CIP）数据

暂予监外执行制度研究/汪友海著.—北京：中国政法大学出版社，2019.8
ISBN 978-7-5620-9180-6

Ⅰ.①暂… Ⅱ.①汪… Ⅲ.①监外执行－研究－中国 Ⅳ.①D924.134

中国版本图书馆 CIP 数据核字(2019)第 192361 号

出 版 者	中国政法大学出版社
地　　址	北京市海淀区西土城路 25 号
邮寄地址	北京 100088 信箱 8034 分箱　邮编 100088
网　　址	http://www.cuplpress.com（网络实名：中国政法大学出版社）
电　　话	010-58908285(总编室) 58908433（编辑部）58908334(邮购部)
承　　印	保定市中画美凯印刷有限公司
开　　本	720mm×960mm　1/16
印　　张	12.5
字　　数	220 千字
版　　次	2019 年 8 月第 1 版
印　　次	2019 年 8 月第 1 次印刷
定　　价	49.00 元

PREFACE 前言

改革开放以来，我国与国际社会在诸多方面逐渐接轨，国际上推崇的"以人为本、行刑社会化和刑罚执行轻缓化"等刑罚执行理念在我国的立法思想中得以体现，"尊重和保障人权"也正式写入我国的法律条文。在党的十八届三中全会通过的《中共中央关于全面深化改革若干重大问题的决定》中指出："完善人权司法保障制度，国家尊重和保障人权……完善对违法犯罪行为的惩治和矫正法律，健全社区矫正制度。"十八届四中全会通过的《中共中央关于全面推进依法治国若干重大问题的决定》中提出，要统一刑罚执行体制，制定社区矫正法，进一步对刑罚执行制度进行完善。

近年来，在刑罚执行过程中通过非法手段获得暂予监外执行的机会，从而逃避法律惩罚的现象屡见不鲜。在暂予监外执行中出现的违法办理关系案、人情案和金钱案等司法腐败现象被媒体频频曝光，引起了社会的广泛关注和强烈反响。

为此，中央政法委于2014年1月21日出台了《关于严格规范减刑、假释、暂予监外执行切实防止司法腐败的意见》，2014年3月14日，最高人民法院提出了"五个一律"的要求。[1]出台这些意见和要求就是为了进一步规范和完善暂予监外执行制度，加强对刑罚执行变更的监督力度，预防和减少暂予监外执行过程中司法腐败现象的发生。尤其是在十八大后，通过对暂予

---

[1] "五个一律"是指：凡是减刑、假释、暂予监外执行案件，一律在立案后将减刑、假释建议书或者暂予监外执行申请书等材料依法向社会公示；凡是职务犯罪、黑社会性质组织犯罪和金融犯罪罪犯减刑、假释案件，一律依法公开开庭审理；凡是职务犯罪、黑社会性质组织犯罪和金融犯罪罪犯减刑、假释案件的公开开庭，一律邀请人大代表、政协委员或有关方面代表旁听；凡是减刑、假释、暂予监外执行案件的裁判文书，一律在中国裁判文书网依法公布；凡是法院工作人员在办理减刑、假释、暂予监外执行案件中有违纪违法行为甚至构成犯罪的，一律依法从重追究责任。

监外执行开展专项清理和整治活动，取得了一定的成效。但同时，也暴露出暂予监外执行还存在的诸多问题。如在暂予监外执行的立法方面还不完善，2012年修改后的《中华人民共和国刑事诉讼法》（以下简称《刑事诉讼法》）对暂予监外执行的监管以及收监执行等方面的规定还不详细，刑罚执行机关的审查批准仍然采用饱受诟病的行政审批方式。罪犯在暂予监外执行的申请与决定等环节缺乏权利救济机制。检察机关对暂予监外执行的检察监督的刚性不足，同步监督没有真正落实和起到实效。

因此，为了解决暂予监外执行制度存在的问题，使暂予监外执行制度真正得到很好的落实，更好地体现出暂予监外执行在刑罚执行中的人道性，更加符合刑罚执行轻缓化的总体发展趋势，就需要按照党的十九大提出的"坚持全面依法治国"的总体要求，对暂予监外执行制度进行不断完善。

全书从梳理暂予监外执行制度的历史沿革和基本理论阐述入手，对域外相似的执行制度和我国的司法实践情况进行分析，并以暂予监外执行涉及的决定或批准、矫正及收监以及检察监督等环节为主线进行全面分析。全书共八章：

第一章对我国暂予监外执行制度的历史沿革与理论基础进行了梳理和阐释。暂予监外执行制度经历了古代的萌芽、新中国成立前的兴起和成立后的完善与发展三个阶段。暂予监外执行起源于汉朝的"颂系"制度，后经清政府、民国时期和抗日战争时期的不断发展，在新中国成立后得到了进一步的完善和发展。暂予监外执行制度符合行刑社会化以及刑罚轻缓化的发展趋势，也符合我国宽严相济的刑事政策。实行暂予监外执行制度对于保障罪犯基本人权、减轻监狱管理压力和降低行刑成本等方面具有重要意义。

第二章对暂予监外执行的基本规范与执行情况进行了分析。1979年《刑事诉讼法》正式将暂予监外执行制度确立下来，此后，该制度得到了不断的发展。暂予监外执行是监外执行的一种，两者是包含与被包含的关系，暂予监外执行与假释在适用条件、决定时间和决定机关上都不尽相同。暂予监外执行的决定机关具有多元化特征，即决定或审批主体分别属于法院、监狱或公安机关。同时，执行方式具有暂时性，执行时间具有折抵性。在2012年修订的《刑事诉讼法》中对此进行了完善，2014年出台了《暂予监外执行规定》，2016年出台了《监狱暂予监外执行程序规定》，社区矫正的立法工作也正在积极推进之中。国家相关部门也出台了一系列暂予监外执行的执法与司法文件，全国各地出台了具有可操作性的地方性法规。从而，为该制度的有效实施提供了依据。但暂予监外执行在司法实践中还存在法律法规不完善、非法保外就医现象突出、司法行政机关之间衔接配合不顺畅以及检察监督乏力等问题，需要加以解决和完善。

第三章对域外相似执行制度进行了比较分析。德国推迟或中断自由刑制度主要是针对身患严重疾病而在监狱无法查明病情、将会耽误最佳治疗时间而危及生命且对社会又不产生危险性的罪犯，采取暂时推迟执行刑罚的人性化执行方式。日本推行了停止执行刑罚制度，包括自由刑执行的必要停止和酌定停止两种。俄罗斯实行的延期执行制度，与日本的停止执行刑罚制度有相似之处，同样考虑了罪犯身患疾病、怀孕等情况，但该制度的特别之处在于对被判刑妇女在刑事判决执行前有不满14周岁子女的，刑罚执行延期到子女满14周岁后。这既有利于青少年的健康成长，也充满了人性关怀。而法国的半释放制度是将监狱和开放待遇结合起来的一种措施。主要针对被判处1年或1年以下的监禁刑的罪犯，其目的是给罪犯重新与社会和家庭进行接触的机会。意大利的推迟执行和居所执行主要针对怀孕、感染艾滋病以及患有精神病等特殊情况的罪犯，但主要适用于被判处3年以下有期徒刑的怀孕妇女、超过60岁且生活无法自理以及未满21岁在健康等方面有特殊需要的罪犯。这些制度与我国的暂予监外执行制度相比，适用范围较为广泛，审批主体特定化和一元化，最大的区别是监外执行期间不计入刑期。借鉴域外相似制度，我国暂予监外执行应进一步扩大适用范围，改变决定主体多元化的现象，建立多元化的监督机制，防止权力的滥用以及预防和减少司法腐败的发生。

第四章对暂予监外执行的申请与决定程序进行了分析。暂予监外执行的申请与决定环节是整个暂予监外执行活动的起点。适用暂予监外执行的一般条件包括被判处有期徒刑、拘役和部分无期徒刑的罪犯，出现身患严重疾病，怀孕或正处于哺乳期以及生活不能自理的情形；消极性条件是针对不得适用暂予监外执行的条件，包括自伤自残或者不配合治疗的罪犯以及对患有高血压、糖尿病、心脏病等严重疾病，但经过诊断在短期内没有生命危险的情形；限制性条件主要是指对职务犯罪、金融类、涉黑类犯罪、严重犯罪、累犯以及再次申请暂予监外执行的，需要从严审批。对符合暂予监外执行条件的，在罪犯交付执行前，由人民法院进行决定；在罪犯交付执行后，则分别由监狱管理局或公安机关进行审批决定。同时，须对决定的情况进行公示，接受社会的监督。决定机关同意暂予监外执行的，由申请主体向决定机关提出保证人并由决定机关进行审批。在我国，暂予监外执行的保证人一般采取人格担保的方式，未针对暂予监外执行保证人的法律责任作出明确规定。此外，还要对暂予监外执行人员进行人身危险性评估。在申请与决定环节还存在决定主体较多、非法保外就医现象突出、权利救济机制不完善等问题。因此，要从立法上改变目前多元审批、自审自批的弊端，应当坚持由人民法院统一行使暂予监外执行的审批权。完善保证人的条件，增加保证人的范围和数量，完善保证人资格审查程序。完善保外就医程序规则，完善暂予监外执行信息公开机制，加强和推进执法信息公开化建设，扩大信息公开的力度和广度。建立罪犯权利救济机制，通过设立罪犯参与程序，保护罪犯的合法权益。

第五章分析了暂予监外执行中涉及的社区矫正制度。党的十八届三中全会通过的《中共中央关于全面深化改革若干重大问题的决定》明确提出要"健全社区矫正制度"。社区矫正制度是贯彻落实宽严相济刑事政策的重要举措之一，也是我国深化司法改革的重要任务。社区矫正在司法实践中，存在社区矫正机构之间衔接配合不到位、矫正信息无法有效共享、社区矫正执法人员缺乏、运行机制不顺畅等问题。另外，我国社区矫正立法比较滞后，从2011年开始我国启动社区矫正立法工作，2019年将按照相关程序将《中华人民共和国社区矫正法》（以下简称《社区矫正法》）提交全国人大常委会审议。《社区矫正法》的出台将会为社区矫正工作提供法律依据，有利于促进社区矫正工作的顺利开展。

第六章对暂予监外执行收监程序进行了分析。对罪犯进行收监执行是暂予监外执行的最后一个环节，但并不是所有的暂予监外执行人员都必须要经过的程序，而只是针对符合收监条件的罪犯进行收监执行。暂予监外执行的收监条件分为法定收监条件和酌定收监条件，前者主要包括在社区矫正中，发现了不符合暂予监外执行条件，或者是暂予监外执行的情形已经消失但罪犯刑期还未满的情况；后者主要包括社区矫正人员在社区矫正期间，没有履行报告义务，保证人不能履行担保义务，又不能在规定期限内提出新的保证人以及违反管理规定等情况。暂予监外执行的收监程序分为提请、决定和执行三个步骤，具体程序根据决定机关不同而又有所差异。收监执行的总体原则是由司法行政机关向原作出决定的机关提出收监建议，由原决定机关按照法定程序进行收监。在司法实践中，还存在异地收监难、相关规定不清晰等问题。因此，应当确立"就近执行"原则，建议将异地法院裁定收监改为社区矫正地法院裁定收监，解决异地提请沟通难、异地审查裁定慢和异地收监押送风险大的问题，将矫正期限中止等特殊情形纳入《社区矫正法》进行完善。

第七章探讨了暂予监外执行的检察监督制度。2012 年《刑事诉讼法》对暂予监外执行的检察监督进行了修改，将原来的事后监督改为了同步监督，加大了监督力度。对职务犯罪的罪犯适用暂予监外执行，实行备案审查制度。对原县处级以上职务犯罪的罪犯采用一案一报、层层上报和逐级审查的备案审查方式加强监督。近年来，我国加大了对暂予监外执行的检察监督力度，取得了一定的成效。但还存在监督立法不完善、监督过程不规范和监督效果不理想等问题。因此，应强化检察机关的监督刚性，建立和完善多元化监督模式，在暂予监外执行的审批、执行和收监环节全程同步监督。形成多部门联动机制，建立检察监督办案化模式，实现暂予监外执行的检察监督从"办事化"向"办案化"模式转变。强化责任追究机制和双重审查机制，确保暂予监外执行检察监督的效果。

第八章对暂予监外执行制度的改革方向进行了探讨。我国的暂予监外执行制度经过 30 多年的发展，形成了具有中国特色的刑罚执行制度。尤其是在新《刑事诉讼法》颁布实施之后，我国暂予监外执行制度得到了进一步的完善和发展。但同时，暂予监外执行制度无论是从立法还是从司法实践来看，仍需要不断地完善。因此，从宏观层面和长远发展的角度来讲，我国暂予监外执行制度未来的改革方向应当向"六化"发展，即暂予监外执行法律法规统一化、执法标准规范化、执法流程信息化、案件管理统一化、执法队伍专业化和社会支持主体多元化。最终实现让人民群众从每一个暂予监外执行案件中感受到公平正义的目标。

目录

前　言 / 001

第一章　我国暂予监外执行制度的历史沿革与理论基础 / 001

第一节　暂予监外执行制度的历史沿革 / 001

一、古代的萌芽 / 001

二、新中国成立前的兴起 / 003

三、新中国成立后的完善与发展 / 004

第二节　暂予监外执行制度的理论基础 / 005

一、刑罚人道性 / 006

二、行刑社会化 / 007

三、刑罚经济性 / 008

四、教育刑理论 / 010

五、刑罚个别化 / 011

六、宽严相济刑事政策 / 012

第二章　暂予监外执行制度的基本规范与执行情况 / 014

第一节　我国暂予监外执行的概念与特征 / 014

一、暂予监外执行的概念 / 014

二、暂予监外执行与相关概念的关系 / 014

三、暂予监外执行的法律特征 / 016

第二节　暂予监外执行的立法现状 / 019

一、暂予监外执行的相关立法 / 019

二、暂予监外执行的执法与司法文件 / 021

三、司法机关相关批复情况 / 024

四、暂予监外执行地方性法规 / 025

第三节 暂予监外执行制度的实践图景 / 027

一、保外就医在暂予监外执行中占有较大比重 / 028

二、暂予监外执行罪犯以非暴力犯罪人员为主 / 031

三、非法保外就医现象突出 / 034

四、暂予监外执行的检察监督成绩突出但机制仍不健全 / 035

第三章 域外相似执行制度的比较分析 / 037

第一节 域外相似制度的规定 / 037

一、停止执行制度 / 037

二、半释放制度 / 042

第二节 域外相似制度的特点 / 042

一、监外执行的适用范围广泛 / 042

二、监外执行审批主体一元化 / 044

三、监外执行期间不计入刑期 / 045

第三节 域外相似制度对我国的借鉴意义 / 046

一、扩大暂予监外执行的适用范围 / 046

二、改变决定主体多元化模式 / 047

三、构建多元化的监督机制 / 048

第四章 暂予监外执行的申请与决定程序 / 049

第一节 我国暂予监外执行的适用范围与条件 / 049

一、暂予监外执行的适用范围 / 049

二、暂予监外执行的适用条件 / 051

第二节 申请与审批程序规则 / 053

目录

一、暂予监外执行的申请程序规则 / 053

二、暂予监外执行的决定程序规则 / 057

第三节 暂予监外执行保证人制度 / 061

一、保证人制度的内涵 / 061

二、保证人的条件 / 064

三、保证人的权利与义务 / 065

第四节 人身危险性评估制度 / 067

一、人身危险性的理论发展 / 067

二、人身危险性评估的基本原则 / 069

三、人身危险性评估的内容与方法 / 071

四、人身危险性评估的程序 / 077

第五节 暂予监外执行公开制度 / 080

一、暂予监外执行公开的依据 / 080

二、暂予监外执行公开的范围 / 081

三、暂予监外执行公开的方式 / 083

四、暂予监外执行公开的实践情况 / 085

第六节 暂予监外执行申请与决定的完善 / 090

一、暂予监外执行的决定权由法院统一行使 / 090

二、完善保证人制度 / 091

三、完善保外就医程序规则 / 094

四、完善暂予监外执行信息公开机制 / 096

五、建立和完善权利救济机制 / 099

第五章 暂予监外执行社区矫正 / 101

第一节 社区矫正的运行机制 / 101

一、社区矫正制度的发展 / 102

二、社区矫正法立法进程 / 103

三、社区矫正执行衔接运行机制 / 105

第二节 社区矫正的执行程序 / 107

一、居住地核实程序 / 107

二、法律文书的交付程序 / 108

三、社区服刑人员报到程序 / 108

四、司法行政机关接收程序 / 109

五、服刑人员矫正执行程序 / 110

六、期满鉴定程序 / 110

七、解除矫正程序 / 111

第三节 暂予监外执行社区矫正措施 / 111

一、教育矫正 / 111

二、劳动矫正 / 112

三、心理矫正 / 113

第四节 暂予监外执行社区矫正制度的完善 / 114

一、完善社区矫正衔接配合机制 / 114

二、建立矫正信息化管理平台 / 115

三、建立社区矫正人民警察队伍 / 115

四、建立和完善社区矫正运行机制 / 117

第六章 暂予监外执行收监程序 / 118

第一节 暂予监外执行收监的条件与范围 / 118

一、暂予监外执行收监的法定条件 / 119

二、暂予监外执行收监的酌定条件 / 120

第二节 暂予监外执行收监程序 / 123

一、收监执行的提请程序 / 123

二、收监执行的决定程序 / 126

三、收监执行的执行程序 / 128

四、收监执行制度的困境 / 129

第三节 暂予监外执行收监制度的完善 / 130

一、完善收监执行的相关规定 / 130

二、确立就近执行原则 / 131

三、完善收监执行的适用范围 / 132

四、完善暂予监外执行收监机制 / 132

第七章　暂予监外执行的检察监督制度 / 135

第一节　暂予监外执行检察监督机制 / 135

一、检察监督的理论基础 / 135

二、检察监督的内容 / 137

三、检察监督的方式 / 140

四、检察监督的程序 / 141

第二节　暂予监外执行案件备案制度 / 144

一、备案审查的范围 / 144

二、备案审查的内容 / 146

三、备案审查结果的处理规则 / 146

第三节　暂予监外执行检察监督制度的完善 / 147

一、赋予检察机关抗诉权 / 147

二、建立和完善检察监督方式 / 148

三、建立和完善联动机制 / 150

四、建立检察监督办案化模式 / 151

五、建立和完善责任追究机制 / 153

第八章　暂予监外执行制度的改革方向 / 154

第一节　法律法规统一化 / 154

一、法律法规统一化的基本内涵 / 154

二、法律法规统一化的基本要求 / 155

三、法律法规统一化的主要措施 / 156

第二节　执法标准规范化 / 157

一、执法标准规范化的基本内涵 / 157

二、执法标准规范化的基本要求 / 158

三、执法标准规范化的主要措施 / 159

第三节 执法流程信息化 / 160

一、执法流程信息化的基本内涵 / 160

二、执法流程信息化的基本要求 / 160

三、执法流程信息化的主要措施 / 161

第四节 案件管理统一化 / 162

一、案件管理统一化的基本内涵 / 163

二、案件管理统一化的基本要求 / 163

三、案件管理统一化的主要措施 / 165

第五节 执法队伍专业化 / 165

一、执法队伍专业化的基本内涵 / 165

二、执法队伍专业化的基本要求 / 166

三、执法队伍专业化的主要措施 / 167

第六节 社会支持主体多元化 / 168

一、社会支持主体多元化的基本内涵 / 168

二、社会支持主体多元化的基本要求 / 169

三、社会支持主体多元化的主要措施 / 170

附　录　暂予监外执行人员问卷调查表 / 172

参考文献 / 175

后　记 / 182

第一章
我国暂予监外执行制度的历史沿革与理论基础

我国暂予监外执行制度的发展历史经历了三个阶段,即古代的萌芽、新中国成立前的兴起和成立后的完善与发展。在2012年修改的《刑事诉讼法》中,对暂予监外执行制度进行了较大幅度的修改。之后,国家和地方都出台了暂予监外执行的相关法规和实施细则,对我国暂予监外执行制度的实施和完善起到了积极的促进作用。暂予监外执行制度在保障罪犯基本人权、降低行刑成本以及实现刑罚目的等方面有重要意义。

第一节 暂予监外执行制度的历史沿革

我国暂予监外执行制度起源于汉朝的"颂系"制度,但直到清政府时期才在《大清监狱律草案》中首次将暂予监外执行类似制度写入法律,该制度后来在民国时期进行了完善。在新中国成立后,随着我国立法工作的不断推进,暂予监外执行制度得到了进一步的完善与发展。

一、古代的萌芽

我国汉朝的"颂系"制度是我国暂予监外执行制度的起源,它是指不将依照法律应当拘禁的人拘禁在监狱里,并不戴桎梏的制度。这一制度在我国古典文献中的记载有:"颂者容也,言见宽容,但处曹吏舍,不入狴牢也。"[1]在2000多年前,汉高祖刘邦在"天下苦秦久矣"的历史大背景下,提出了"宽缓刑狱"的法制理念,在这一理念的支配下,区别对待囚犯的措施与立法见面于世。[2]但最具代表意义的关于怜惜老弱病残妇等囚犯的规定出现在汉景帝时期,如《汉书·刑法志》规定:"其著令:年八十以上,八岁以下及孕者

---

〔1〕《汉书·惠帝纪》
〔2〕 参见吴新中:"暂予监外执行工作的历史发展之管见",载《中国监狱学刊》2009年第1期。

未乳、师、侏儒当鞠系者,颂系之。"[1]这里主要是针对年龄在 80 岁以上或 8 岁以下的、怀孕且未生产的妇女、音乐师、不能行走的矮人等关押在监狱的囚犯规定不加戴刑具的一种宽容的制度。东汉光武帝建武三年诏:"男子八十岁以上、十岁以下,及妇女从坐者,自非不道,诏所名捕,皆不得系。"[2]可见,汉朝的"颂系"制度实质上是对年老、幼、孕妇等情形特殊的罪犯在刑罚执行中给予人性化的关怀,与暂予监外执行制度具有相似性。

自汉代以后,各王朝法律对此制度都有不同程度的体现。如南梁的"耐罪囚八十以上,十岁以下,及孕者、盲者、侏儒当械者……并颂系之"[3];魏晋南北朝的"妇人当刑而孕,产后百日乃决"[4];唐朝的"杖笞与公坐徒,及年八十、十岁,废疾,怀孕,侏儒之类皆讼(同颂)系而待断"[5],即犯杖笞轻罪、公务犯罪者以及老幼病残孕妇等罪犯,在审判之前都不加戴刑具。汉代也将这些罪犯列为区别对待的刑罚对象。唐朝的《狱官令》规定:"囚有疾病,主司陈牒,请求医药救治。""病重,听家人入视。"即对有病的囚犯,监狱官吏应向上级呈报,请求给予医药救治,病情严重者,允许家人入监探视,唐朝推行的"听家人入视"新政在宋、元、明、清等朝代均予以沿用。[6]宋朝在此基础上又有进一步的创新和突破,除允许家人探视外,还推行了"责保于外"制度,据《宋史·刑法志》记载,宋真宗咸平元年,"在各路置病囚院,徒流以上有疾者处之,余责保于外。"即在全国各地设置收治犯徒流罪以上病囚犯的专门机构,犯徒流罪以下的病囚犯,由担保人负责具保外出进行就医。[7]这就类似于我国暂予监外执行中的保外就医制度。元朝在《元史·刑法志》中记载:"妇人犯罪有孕,应拷及决杖笞者,须候产后百日决遣,临产之月,听令召保,产后二十日复追入禁。"[8]这充分体现了对孕

---

[1]《汉书·刑法志》

[2]《后汉书·光武帝纪》

[3]《隋书·刑法志》

[4]《魏书·刑法志》

[5]《唐六典》

[6] 参见吴新中:"暂予监外执行工作的历史发展之管见",载《中国监狱学刊》2009 年第 1 期。

[7] 参见吴新中:"暂予监外执行工作的历史发展之管见",载《中国监狱学刊》2009 年第 1 期。

[8] 参见吴新中:"暂予监外执行工作的历史发展之管见",载《中国监狱学刊》2009 年第 1 期。

妇罪犯的关怀。到明朝时，对生病和怀孕等情况特殊的罪犯的特殊照顾更为具体和人性化。

二、新中国成立前的兴起

在新中国成立前，由于当时特殊的时代背景和历史原因，暂予监外执行制度在清政府时期、民国时期和抗日战争时期总体来讲发展较为缓慢，处于逐渐兴起的阶段。

（一）清政府时期

《大清会典·康熙朝》中规定："凡妇女犯奸及重罪者，依律收禁，直省解部。流犯妻室亦应收禁……妇女止令原解收押，三日内咨交户部，不必寄监。若在监孕妇将产者，除反叛重案外，俱准保出，俟生产后收禁。"[1]清光绪年间颁行的《习艺所办法》第9条规定："如系不遵父兄教训送监收禁者病笃时，可通知其父兄取保调治。"[2]这是我国监狱发展史上首次出现的关于取保的明文规定。

1909年，清政府设立了修订法律馆并推行了狱制改良立法活动。1911年5月，日本监狱学家小河滋次郎受聘完成了《大清监狱律草案》（以下简称《草案》），从而形成了我国首部监狱法典。[3]《草案》第28条规定，被监禁者如果符合以下情形不能够将其收监：患有精神疾病；身体状况较差，在收监之后对个人的生命安全有所威胁；孕妇以及正在哺乳期的妇女；患有其他传染病的个人。[4]此外，在第139条中规定，如果患有传染病、精神疾病以及其他疾病并且监狱无法为其提供良好的医治条件，在获得批准之后交给罪犯的亲属或者将其送入医院接受治疗。[5]由于当时的政治环境较为复杂，导致该法律草案提出之后未能得以实施。

（二）民国时期

1913年，北洋政府实施了《中华民国监狱规则》（以下简称《规则》），

---

[1] 中华人民共和国司法部编:《中国监狱史料汇编（上册）》，群众出版社1988年版，第378页。
[2] 吴新中："暂予监外执行工作的历史发展之管见"，载《中国监狱学刊》2009年第1期。
[3] 参见沈立国："监禁刑执行变更检察监督制度研究"，吉林大学2014年博士学位论文。
[4] 参见《大清监狱律草案》第28条。
[5] 参见《大清监狱律草案》第139条。

共 15 章 103 条。这是我国颁布的第一部比较完备的监狱法规。

1928 年，南京国民政府司法部在原来的基础上对《规则》进行了修改和完善。其中第 18 条规定，对患有精神疾病和其他重大疾病，如果收监之后会对其生命安全造成威胁的，或患有急性传染病、孕妇以及正在哺乳期的妇女不得收监。[1]第 66 条规定了罪犯可以保外就医的情况，主要针对患有传染病、精神病以及其他重大疾病，监狱又无法为其提供良好的医治条件和环境的罪犯，在获得批准之后可以申请保外就医。[2]这是我国在立法中第一次提出可以保外就医的情形，充分体现了对身患严重疾病或处于孕期和哺乳期的罪犯的人性化关怀。

(三) 抗日战争时期

在抗日战争时期，由于政府处于战争状态，再加上司法机关对罪犯的监督力量也比较薄弱。因此，采取了很多在监外执行刑罚的措施。

回村服刑制度是在当时特殊的时代背景下采取的一种主要的刑罚执行措施。1943 年 4 月 15 日，晋察冀边区出台了《晋察冀边区行政委员会关于处理监押犯之决定》，建立了回村服役制度。据太行区司法工作统计结果显示：太行区共有 19 个县，1946 年累计回村 2572 人，80% 以上的罪犯得到了改造。[3]回村服役制度既解决了监狱面临的监管压力，也起到了教育改造罪犯的积极效果。

此外，还采取了机关服役和战时分遣措施。可以看出，这些措施带有强烈的时代色彩，也是在抗日战争期间采取的一种临时性办法，在减少监狱管理人力成本和降低监狱经费支出等方面起到了重要作用。但这些制度也存在一些弊端，由于农村基层工作人员知识文化水平和管理能力等方面的限制，一些地方对回村执行刑罚的罪犯要么放任不管，要么随意使役。可想而知，在这样的环境下对罪犯的教育改造的目的是很难实现的，因此这项制度到解放战争后期就已被取消。

三、新中国成立后的完善与发展

新中国成立后，我国逐渐开始重视暂予监外执行制度，相继出台了暂予

---

[1] 参见《中华民国监狱规则》第 18 条。

[2] 参见《中华民国监狱规则》第 66 条。

[3] 参见中华人民共和国司法部编：《中国监狱史料汇编（下册）》，群众出版社 1988 年版，第 335 页。

监外执行的相关规定，并逐渐完善和发展了相关制度。

1954年9月7日，我国颁布实施了《中华人民共和国劳动改造条例》（以下简称《劳改条例》），明确规定了监外执行制度的相关要求，根据《劳改条例》第60条规定，对有严重疾病、身体残疾的，经法定程序审批后，可以在监外执行。[1]这是我国法律条文中首次提出对符合条件的罪犯可以监外执行。

暂予监外执行制度在1979年《刑事诉讼法》中被正式确立。其中，第157条对暂予监外执行制度作出明确规定。此后，我国又相继出台了一系列有关暂予监外执行的规定。1979年公安部下发了《关于管制、拘役、缓刑、假释、监外执行、监视居住的具体执行办法的通知》，1982年公安部下发了《关于切实做好对保外就医罪犯的监督考察工作的通知》，1987年最高人民法院、最高人民检察院、公安部和司法部联合发布了《关于罪犯在看守所执行刑罚以及监外执行的有关问题的通知》。1994年，我国颁布实施了《中华人民共和国监狱法》（以下简称《监狱法》）。这些法律法规和相关规定的出台，都是为了进一步规范暂予监外执行制度。

1996年和2012年的《刑事诉讼法》，分别对暂予监外执行制度进行了修改和完善。2012年1月10日，最高人民法院、最高人民检察院、公安部、司法部联合出台了《社区矫正实施办法》，2014年10月24日，最高人民法院、最高人民检察院、公安部、司法部和国家卫生计生委联合出台了《暂予监外执行规定》，2016年8月22日司法部出台了《监狱暂予监外执行程序规定》，2016年12月1日，国务院法制办公布了《中华人民共和国社区矫正法（征求意见稿）》。

总体来讲，我国暂予监外执行制度经历了清朝的萌芽，新中国成立前的兴起和新中国成立后的完善与发展三个阶段。尤其在新中国成立后，暂予监外执行制度方面的法律法规有了很大的完善。

第二节 暂予监外执行制度的理论基础

贝卡里亚认为："刑罚的目的既不是要摧残折磨一个感知者，也不是要消除业已犯下的罪行，刑罚的目的仅仅在于阻止罪犯再重新侵害公民，并规诫

---

[1] 参见《中华人民共和国劳动改造条例》第60条。

其他人不要重蹈覆辙。"[1]暂予监外执行制度的目的是使罪犯在暂予监外执行的过程中积极改造,早日回归到正常的社会生活状态,从而在惩罚犯罪与保护人权之间找到一种平衡。暂予监外执行制度在保障罪犯的基本人权,降低行刑成本,促使罪犯积极矫正和为回归社会打下基础等方面具有重要的意义。

一、刑罚人道性

刑罚人道性是指在刑罚执行过程中要尊重罪犯的人格尊严,保证罪犯享有各种法定权利。[2]暂予监外执行制度是刑罚人道性的体现。

(一) 刑罚人道主义的产生与发展

人道主义起源于欧洲文艺复兴时期。人道主义的思想体系包括关怀人、爱护人和尊重人等内容,人道主义是一种"以人为中心"和"以人为本"的世界观。在法国大革命时期,将其内涵具体化为"自由、平等和博爱"。而刑罚中的人道主义随着社会的进步与发展越来越成为共识。

1948年12月10日,联合国大会通过并颁布了《世界人权宣言》,其中将"人皆生而自由,在尊严及权利上均各平等"作为其核心内容。联合国1955年颁布的《囚犯待遇最低限度标准规则》,1990年颁布的《囚犯待遇基本原则》和1988年颁布的《保护所有遭受任何形式拘留或监禁的人的原则》等国际人权文件都规定了对罪犯的人权待遇。《中华人民共和国宪法》(以下简称《宪法》)第33条规定:"中华人民共和国公民在法律面前一律平等,国家尊重和保障人权。"2012年《刑事诉讼法》第2条规定:"尊重和保障人权,保护公民的人身权利、财产权利、民主权利和其他权利。"这都充分体现了国际社会与我国对人权保障的高度重视。

(二) 保障罪犯人权是刑罚人道主义的重要体现

保障罪犯人权是国际刑事立法和刑事司法共同追求的价值目标,刑罚执行的人道性是保障罪犯人权的重要体现,而其核心思想就是要体现"以人为本"。这一点已经引起了学界的共鸣,王利荣教授认为,刑罚人道主义就是要把罪犯当作人看待;[3]赵秉志教授指出,刑法中的人道性,主要是立足于人

---

[1] 参见[意]切萨雷·贝卡里亚:《论犯罪与刑罚》,黄风译,北京大学出版社2008年版,第29页。
[2] 参见马克昌主编:《刑罚通论》,武汉大学出版社2002年版,第504页。
[3] 参见王利荣:《行刑法律机能研究》,法律出版社2001年版,第151页。

性;[1]翟中东教授认为,人道主义实质就是对人的关怀。[2]也有学者指出:行刑人道主义的最高层次是使罪犯的人格得到改造并健康发展,实现其作为人的价值。[3]只有充分保障罪犯的人权,才能在刑罚的执行中充分体现对罪犯的人性化对待。

贝卡里亚曾说过,刑罚最残酷的国家和年代,往往就是行为最为血腥、最不人道的国家和年代。[4]孟德斯鸠认为,任何超越决定必要性的刑罚都是暴虐的。[5]因此,刑罚不能只关注惩罚罪犯,同时要尊重罪犯的基本人格,这是刑罚执行中应该遵循的一条基本原则,也是刑罚人道主义的重要体现。

(三) 暂予监外执行制度体现了刑罚执行的人道主义

法国刑法学家雷蒙·萨雷伊认为刑罚是为了使罪犯的良心复苏。[6]贝卡里亚认为罪犯拥有基本的人权,刑罚应当保障个人的权利和尊严。尽管罪犯实施了危害社会的行为,理应受到刑罚处罚,但当他们存在或者出现某些不便于执行监禁刑的情形时,应给予他们特殊的改造机会。

暂予监外执行制度充分体现了保障罪犯基本人权的理念。对于身患严重疾病的罪犯,出于对罪犯生命权和生存权的尊重,对这类罪犯进行保外就医,让罪犯在监外执行刑罚以便能得到更好的治疗和照料;而生活不能自理的罪犯在监外可以接受亲友更好的照顾;对于怀孕或者哺乳自己婴儿的妇女,充分考虑了女性罪犯在孕期或哺乳期以及婴儿需要照顾特殊等因素。

因此,暂予监外执行制度具有浓厚的人道主义色彩。既保障了罪犯的基本人权,又有利于对其进行教育矫正,暂予监外执行制度是刑罚执行人道性的体现。

二、行刑社会化

行刑社会化是指为了最大限度地避免监禁刑的弊端,实现罪犯再社会化

---

〔1〕 参见陈兴良:《刑法哲学》,中国政法大学出版社1992年版,第12页。
〔2〕 参见翟中东:《刑罚个别化研究》,中国人民公安大学出版社2001年版,第190页。
〔3〕 参见陈士涵:《人格改造论(下)》,学林出版社2001年版,第677页。
〔4〕 参见[意]切萨雷·贝卡里亚:《论犯罪与刑罚》,黄风译,北京大学出版社2008年版,第62页。
〔5〕 参见[意]切萨雷·贝卡里亚:《论犯罪与刑罚》,黄风译,北京大学出版社2008年版,第8页。
〔6〕 参见[英]彼得·斯坦、约翰·香德:《西方社会的法律价值》,王献平译,中国人民公安大学出版社1990年版,第12页。

目标所形成的行刑理念与行刑模式。[1]为了缓解监禁刑的运行成本不断增加与改造效能不如所愿之间的矛盾，行刑社会化思想在西方国家得以兴起，慎用监禁刑是行刑社会化的主流思想。

行刑社会化已经成为世界行刑制度发展的趋势。在二十世纪六七十年代，欧美各国已经开始用非监禁的惩罚或矫正措施代替监禁刑，[2]但不同的国家采取了不同的行刑社会化方式。比如在德国，按照是否需要监狱管理人员的监督，分为"狱外就业"和"狱外走廊"，即前者需要监督，后者则不需要。[3]在美国，罪犯在监狱许可的情况下，白天可以去监狱外的企业等单位上班，但晚上须回到监狱报到。这种模式称为"自由工资雇佣制"，也是美国行刑社会化最具代表性的形式。[4]尽管行刑社会化的方式不同，但其目的都是为了使罪犯最终能够顺利地回归社会。

我国暂予监外执行制度也是行刑社会化思想的体现，将原本需要在监禁场所执行刑罚的罪犯放在社区进行矫正，通过社区矫正机构对其进行教育和引导，使社区矫正人员能够积极主动地进行自我改造，目的是使其最终能够回归社会，不给社会再次造成危害，成为一个遵纪守法的社会公民。

三、刑罚经济性

刑罚经济性是指在刑罚执行过程中，以最小的投入获得有效的预防和控制犯罪的最大社会效益，以不执行、减少执行以及不实际执行刑罚来达到执行刑罚的效果。[5]刑罚经济性思想来源于资产阶级的启蒙理论，进入20世纪后，刑罚经济性思想不同程度地被各国采纳并在实践中取得了良好效果。

随着社会矛盾的不断激化，各种犯罪案件持续产生，罪犯总量呈现逐年上涨的趋势，有的监狱容量无法满足罪犯入监的需求，许多国家都面临着监狱拥挤的问题。2010年9月，英国学者罗伊·沃姆斯利（Roy Walmsley）发

---

[1] 参见赵秉志主编：《刑事法治发展研究报告（2003年卷·上册）》，中国人民公安大学出版社2003年版，第264页。

[2] 参见冯卫国：《行刑社会化研究——开放社会中的刑罚趋向》，北京大学出版社2003年版，第40页。

[3] 参见潘华仿主编：《外国监狱史》，社会科学文献出版社1994年版，第350页。

[4] 参见潘华仿主编：《外国监狱史》，社会科学文献出版社1994年版，第350页。

[5] 参见马克昌主编：《刑罚通论》，武汉大学出版社1999年版，第497页。

布的统计报告显示，全世界大约有 1010 万的监狱人口，其中约有 47% 的监狱人口在美国（229 万）、中国（164 万）和俄罗斯（81 万）。[1]中国已经成为世界第二监狱人口大国（这个监狱人口数还仅仅只是监狱在押犯的人口数量，还没有包括刑事拘留和行政拘留的人数）。2015 年，我国新收刑事一审案件 1 126 748 件，同比上升 8.29%。[2]服刑人员以及犯罪人员数量的逐年上升增大了监狱的管理难度。

监狱内服刑人数的增加使监狱的运行成本不断提高，需要国家投入大量的资金来维持监狱的正常运转。监狱面对日益增加的改造成本而变得财政困难，因此，部分监狱把罪犯的劳动改造当作经济来源，而改造罪犯的目的也就很难实现。[3]据我国司法部 2015 年 1 月 25 日的统计数据表明，全国共有监狱 681 所，在职监狱人民警察 30 万名，在押犯 164 万人。[4]而我国每个罪犯的年均人头费不低于 5000 元，如果以全国有百万罪犯计算，我国每年在罪犯改造上的投入就达 500 亿元。[5]在美国，每年用于罪犯的开支达 200 亿美元，法国司法部的年预算为 200 亿法郎，而日本监狱系统的年预算高达 2100 亿日元至 2500 亿日元。[6]因此，随着犯罪人数的不断增加，监狱将面临较大的成本支出压力。

从经济学的角度讲，在各类经济活动以及社会实践中，减少成本支出是使效益最大化的重要途径。在刑罚执行活动中也同样如此，因此要注重人力、物力和财力的优化配置，尽量将投入和成本降到最低并实现收益的最大化。在刑罚执行过程中需要根据罪犯的实际情况，对其进行积极的教育改造，实现管理与教育资源的优化配置，保障行刑效果的最优化。西方国家社区处遇

---

[1] See Internationgal Centre for Prison Studies, World Prison Brief/China, http://www.prisonstudies.org/info/worldbrief/wpb_country.php? country=91, last visit on September 21, 2016.

[2] 参见最高人民法院："2015 年全国法院审判执行情况"，载最高人民法院网，http://www.court.gov.cn/fabu-xiangqing-18362.html，最后访问时间：2019 年 8 月 11 日。

[3] 参见陈晓明："西方国家的社区处遇及对我们的借鉴意义"，载《犯罪与改造研究》2002 年第 10 期。

[4] 参见陈菲、崔清新："全国共有监狱 681 所押犯 164 万人"，载 http://news.xinhuanet.com/politics/2012-04/25/c_111840777.htm，最后访问时间：2019 年 8 月 11 日。

[5] 参见陈晓明："西方国家的社区处遇及对我们的借鉴意义"，载《犯罪与改造研究》2002 年第 10 期。

[6] 参见陈晓明："西方国家的社区处遇及对我们的借鉴意义"，载《犯罪与改造研究》2002 年第 10 期。

的费用就不及监禁处罚费用的1/5,[1]大大减少了监狱的支出。

在我国，对暂予监外执行的罪犯采用社区矫正的方式进行改造，这种行刑方式减少了监狱的在押人数和管理压力，可以让监狱把更多的精力放在在押罪犯的改造方面，从而提高监狱对在押罪犯的改造质量。暂予监外执行能够最大限度地降低刑罚执行的成本，减轻国家的财政负担。同时，也有利于提高暂予监外执行罪犯的矫正质量，促使罪犯能够顺利地重新融入社会。

四、教育刑理论

教育刑理论认为，罪犯是具有权利义务的社会成员，而不只是消极地接受改造的被动客体。因此，应保障罪犯生活、学习和信仰自由等方面的权利。[2] 罪犯同样是社会成员的组成部分，除被判处死刑的罪犯外，其他罪犯在执行完刑罚后，仍要回归到社会中去。如果只是简单地对罪犯施加刑罚而不对其进行教育引导，有效改变其错误的认知和价值观，这样的罪犯回归社会之后，可能还会继续犯罪。那么，就难以达到惩治与教育的目的。

教育刑理论的目的在于通过对罪犯进行教育，最终实现对罪犯的有效改造。暂予监外执行人员在社区矫正过程中，通过司法行政机关的日常教育、社区志愿者以及社区居民等多方面的帮护、家人对其进行的思想认识方面的教育引导，使罪犯能够在思想意识上得到改变，从而积极主动地进行自我改造，最终能够顺利回归到正常的社会生活中去。

因此，刑罚的教育作用一方面可以使罪犯得到矫治，而且，这种刑罚方式能够弥补传统刑罚手段的不足，能够充分发挥教育矫正在罪犯改造中的积极作用；另一方面，也可以警戒社会上具有犯罪倾向的危险分子，从而达到预防和减少犯罪的目的。

---

[1] 参见陈晓明："西方国家的社区处遇及对我们的借鉴意义"，载《犯罪与改造研究》2002年第10期。

[2] 参见北京大学法学百科全书编委会编：《北京大学法学百科全书：刑法学、犯罪学、监狱法学》，北京大学出版社2003年版，第924页。

第一章　我国暂予监外执行制度的历史沿革与理论基础

五、刑罚个别化

刑罚个别化是由刑事人类学派[1]和刑事社会学派[2]提出来的。刑罚个别化原则对21世纪以来的刑法立法以及司法都产生了重要的影响，也是刑事政策的重要内容，当今世界各国的刑法典都直接或间接地体现了刑罚个别化原则。李斯特认为，刑事政策不是对社会关系施加影响，而是对个体施加影响，它只与作为现象的犯罪有关，与个体生活事件有关，且它不是实现这一目的的唯一方法，它是与将对个体的改善教育作为自己的任务的其他一系列措施共同发挥作用的。[3]

由于每个个体的情况具有差异性，因此，刑罚个别化就是根据罪犯个体的具体情况，为了有效地教育和改造罪犯以及预防犯罪的再次发生，从而对罪犯有针对性地适用相应的刑罚。李斯特主张，应以罪犯的性格、恶性、反社会性或危险性的强弱为标准对罪犯进行分类，并据此实行刑罚个别化。[4]

暂予监外执行制度是我国区别对待的刑罚个别化刑事政策的具体体现。对一些不适宜继续采用监禁方式执行刑罚的罪犯进行针对性的改造和教育。比如对身患疾病、怀孕或处于哺乳期以及生活不能自理的罪犯，适用暂予监外执行在社区接受矫正，正是充分考虑了这类罪犯不适宜继续采用监禁方式执行刑罚的特殊情况。因此，暂予监外执行是刑罚个别化的体现。

---

[1] 刑事人类学派产生于19世纪70年代，创始人是意大利都灵的一名法医学教授C.龙勃罗梭，这个学派又称龙勃罗梭学派，反对刑事古典学派的教条主义的研究方法，主张用人类学方法对犯罪原因进行探讨。龙勃罗梭从人类学的角度对犯罪者进行研究，在他的《犯罪人论》一书中提出天生犯罪人类型说，从犯人身体构造和精神心理方面的特征来寻找犯罪原因。参见［意］切萨雷·龙勃罗梭：《犯罪人论》，黄风译，北京大学出版社2011年版，第16~17页。

[2] 19世纪90年代，李斯特、菲利协同A.普兰（1845~1919）、G. A. van 哈默尔（1842~1917）等人组织国际刑法学会，刑事社会学派的主张就是由这个组织代表。刑事社会学派认为犯罪与社会因素有关，但又采用刑事人类学派的部分理论。虽不承认天生犯罪人理论，但断言一种人，由于生理或心理上存在某种缺陷，而处于犯罪的"危险状态"，特别容易受社会上的"犯罪传染病"的传染。他们主张犯罪是犯人的个性与自然，尤其是社会环境（指失业、贫困、通货膨胀、居住条件恶劣、酗酒和娼妓等）的产物。参见［德］冯·李斯特：《论犯罪、刑罚与刑事政策》，徐久生译，北京大学出版社2016年版，第179~189页。

[3] 参见［德］冯·李斯特：《论犯罪、刑罚与刑事政策》，徐久生译，北京大学出版社2016年版，第102页。

[4] 参见马克昌主编：《近代西方刑法学说史略》，中国检察出版社1996年版，第193页。

六、宽严相济刑事政策

宽严相济刑事政策可以追溯到新中国成立初期甚至更早时期，当时的提法是"镇压与宽大相结合"，1956年改为"惩办与宽大相结合"。[1]1979年写入《中华人民共和国刑法》（以下简称《刑法》），并把该政策作为刑法制定的依据。至此，该政策在法条中得以确定。

20世纪80年代，我国社会发展处于重要的转型期，社会治安形势严峻。因此，"严厉打击刑事犯罪"成了刑事政策的内容之一。2006年10月，中国共产党第十六届中央委员会第六次全体会议通过了《中共中央关于构建社会主义和谐社会若干重大问题的决议》，提出要实施宽严相济的刑事司法政策，积极推动社区矫正。2006年11月全国政法工作会议提出，要求宽严都要落实，都要依法进行。"严"就是对危害国家安全犯罪、黑社会组织犯罪和严重暴力犯罪等，必须从严打击。"宽"就是要坚持区别对待，应依法从宽的就要从宽处理。[2]2010年2月8日，最高人民法院出台了《关于贯彻宽严相济刑事政策的若干意见》，提出宽严相济刑事政策是我国的基本刑事政策。

宽严相济刑事政策的关键在于宽严适度。正如高铭暄教授所言："针对犯罪的不同情况，区别对待，该宽则宽，该严则严，有宽有严，宽严适度；'宽'不是法外施恩，'严'也不是无限加重。"[3]对于刑事执行而言，宽严相济刑事政策中的区别对待就是根据不同的罪犯采取不同的执行程序或者方法。[4]宽严相济政策注重"宽"与"严"的结合与协调统一，通过区别对待来维护罪犯的合法权益。

暂予监外执行制度体现了宽严相济的刑事政策。如果罪犯患有重大疾病或处于孕期以及哺乳期，可以适用暂予监外执行制度，这种变更刑罚执行的方式就是"宽"的体现。但并不意味着罪犯在监狱外就不需要执行刑罚，罪犯在社区这个相对自由的地方仍然要被限制自由。罪犯在暂予监外执行期间，

---

[1] 参见张苏军主编：《宽严相济刑事司法政策与刑罚执行方式改革研究》，中国检察出版社2011年版，第4页。

[2] 参见罗干："政法机关在构建和谐社会中担负重大历史使命和政治责任"，载《求是》2007年第3期。

[3] 陈伟："宽严相济刑事政策指导下的累犯适用"，载《武汉科技大学学报（社会科学版）》2017年第1期。

[4] 参见樊崇义、吴光升："宽严相济与刑事执行"，载《中国司法》2007年第6期。

须在社区矫正机构接受矫正改造,社区矫正机构还要对罪犯进行教育并加强监管,罪犯在社区矫正期间仍然要遵守相关法律法规的规定,一旦违反就要受到相应的处罚甚至是被收监执行,这就是"严"的体现。

第二章
暂予监外执行制度的基本规范与执行情况

暂予监外执行制度是自由刑的一种刑罚执行变更制度。近年来，有关暂予监外执行制度的法律法规得到不断完善，司法实践的效果也日益凸显。但同时，也存在需要不断改进和完善的地方。

第一节 我国暂予监外执行的概念与特征

暂予监外执行与广义上的监外执行有不同之处，研究我国暂予监外执行制度首先要厘清暂予监外执行的概念和特征。

一、暂予监外执行的概念

根据2012年修改的《刑事诉讼法》、2014年12月1日实施的《暂予监外执行规定》等法律法规的规定。暂予监外执行是指对被法院判处有期徒刑、拘役和无期徒刑（仅指怀孕或处于哺乳期的罪犯），且符合在监外执行刑罚的法定条件的罪犯，经法定程序审查批准后，允许将其由监禁场所转移至其他开放性场所执行刑罚，当暂予监外执行的情形消失但刑期未满时，由原决定机关对罪犯进行收监执行的刑罚执行变更制度。

从立法的规定可以看出，暂予监外执行的适用与罪犯所犯罪行的轻重没有直接关系，而是与特定的事由或者说是出现了不适合在监禁场所执行刑罚的特殊情形有关，其实质是一种刑罚执行方式的变更。

二、暂予监外执行与相关概念的关系

暂予监外执行与监外执行、假释、保外就医和社区矫正之间既有区别也有联系，具体表现为：

（一）暂予监外执行与广义上的监外执行的关系

暂予监外执行与广义上的监外执行不属于同一概念，暂予监外执行与监

第二章 暂予监外执行制度的基本规范与执行情况

外执行之间有所不同。

从基本内涵和涵盖范围来讲，监外执行与暂予监外执行是包含与被包含的关系。监外执行作为我国一项非常重要的刑罚执行制度，从广义上讲，它包括管制、缓刑、假释、暂予监外执行和单处剥夺政治权利。[1]而暂予监外执行针对的是被法院判以拘役、有期徒刑和部分无期徒刑的罪犯。

因此，监外执行所涵盖的范围要比暂予监外执行广泛得多，也可以说，监外执行包含了暂予监外执行。

(二) 暂予监外执行与假释的关系

暂予监外执行与假释都属于刑罚执行的变更方式，都是由监禁转换为非监禁的执行方式，也都是社区矫正的重要内容，但两者之间仍有所区别。

第一，适用条件不同。根据《刑法》第81条的规定，假释是指对被判处有期徒刑、无期徒刑的罪犯，在执行一定的刑期后，因其在服刑期间认真遵守监规、接受教育改造、确有悔改表现、没有再犯危险，而对罪犯附条件提前释放。罪犯在假释考验期限内认真遵守相关规定并满足一定条件，就可以认为原判的刑罚执行完毕，但若未能遵守相关要求且达到一定的条件，就会被要求重回监狱继续执行原判刑罚，甚至会加重刑罚。[2]而暂予监外执行的适用条件不是以罪犯的表现和悔改情况来确定，而是与罪犯出现身患严重疾病等特殊情况有关。此外，假释是提前释放罪犯，而暂予监外执行并不是提前释放罪犯，只是改变刑罚执行的方式而已。

第二，立法目的和依据不同。假释制度是目的刑论的产物，[3]目的刑论是与报应刑论相对应的关于刑罚本质的理论。假释就是给那些被判处自由刑的罪犯通过积极的自我改造行为，争取早日出狱的机会。从这个意义上讲，假释具有对罪犯进行积极自我改造的奖励性。同时，这也是为罪犯早日回归社会，创造了一定的条件和可能性。暂予监外执行制度主要是对有特殊情况的罪犯给予人性关怀。由此可见，暂予监外执行与假释在立法目的以及内在依据上的区别在于，前者强调人道主义和人性化，后者强调的是刑罚的目的。

(三) 暂予监外执行与保外就医的关系

根据《刑事诉讼法》《暂予监外执行规定》《监狱法》等相关法律法规的

---

[1] 参见胡江："假释与监外执行之比较研究"，载《法治研究》2009年第10期。
[2] 参见《刑法》第81条。
[3] 参见张明楷：《刑法学》，法律出版社2003年版，第478页。

规定，保外就医是指被法院判处拘役、有期徒刑的罪犯，因身患严重疾病，不适宜继续在封闭的监管场所内执行刑罚，经法定取保手续后，将其由监管场所转移至其他开放性场所执行刑罚。

暂予监外执行的对象并不只限于身患严重疾病需保外就医的罪犯，它还包括怀有身孕或处于哺乳期、缺乏生活自理能力且不具有社会危害性的罪犯等情形。因此，保外就医是暂予监外执行的一种主要情形。

（四）暂予监外执行与社区矫正的关系

社区矫正是指将不需要监禁或继续监禁的罪犯置于社区内，由社区矫正机构对其进行矫正的刑罚执行活动。[1]社区矫正是将罪犯安置于开放性的社区，并利用社区资源对罪犯进行刑罚执行和教育改造。

根据2012年3月1日实施的《社区矫正实施办法》的规定，社区矫正主要适用于宣告缓刑、假释、管制、剥夺政治权利和暂予监外执行的情形。

因此，暂予监外执行只是社区矫正的一种情形，社区矫正的相关规定也同样适用于暂予监外执行。社区矫正制度的发展直接影响暂予监外执行制度的有效实施。同时，暂予监外执行制度的有效运行又能促进社区矫正制度的发展。

三、暂予监外执行的法律特征

基于制度本身特殊的法律性质，不同制度总会存在各自独有的特征，暂予监外执行制度亦然。暂予监外执行是符合我国实际的一种刑罚执行方式，其法律特征为：

（一）适用对象具有条件性

暂予监外执行的适用对象从刑种来讲，包括有期徒刑、拘役和部分无期徒刑；从范围来看，只能针对患有严重疾病、生活不能自理、怀孕或还在哺乳期的女性罪犯。因此，并不适用于所有被判处自由刑的罪犯，而只是适用于其中的一部分。

同时，罪犯适用暂予监外执行，还必须满足不具有社会危险性这一要求。对于那些具有社会危险性或者危险性较大的罪犯，即使出现了身患严重疾病等特殊情形，也不能对其适用暂予监外执行，这是罪犯适用该制度的条件之

---

[1] 参见王顺安："社区矫正理论研究"，中国政法大学2007年博士学位论文。

一，也是基于维护社会安全的需要。

（二）决定机关具有多元性

根据《刑事诉讼法》对暂予监外执行的规定，决定机关的划分是以罪犯交付执行时间为依据，具体包括人民法院、监狱管理机关和公安机关。2012年《刑事诉讼法》与1996年《刑事诉讼法》相比，对决定机关的规定要更加科学和合理。根据2012年《刑事诉讼法》的规定，暂予监外执行的决定时间分为交付执行前和交付执行后。对于交付执行前的罪犯，由人民法院决定是否暂予监外执行；而对于交付执行后的罪犯，分别由关押罪犯的看守所上报至设区的市一级以上公安机关或省级以上监狱管理机关批准决定。由此可见，暂予监外执行的决定机关具有多元性。

（三）执行方式具有暂时性

暂予监外执行制度主要是基于人道主义原则，在符合法律规定的范围内给予罪犯一定的人性化关怀，但这并不是变相的释放罪犯，使之成为逃避法律制裁的一种途径。暂予监外执行所变更的仅仅是刑罚执行场所及执行方式，并未变更原判处的刑罚结果，执行的刑罚种类与刑期都未变更，也并不是一项常态性的行刑制度。如果罪犯适用暂予监外执行的法定条件消失，即罪犯已基本病愈，生活能够自理，孕妇已分娩或流产、哺乳期结束，或者出现了法定的收监情形，而原判刑罚尚未执行完毕的罪犯仍然需要回到监禁场所继续执行刑罚，这并未改变罪犯的原判刑罚种类与刑期。因此，暂予监外执行的方式具有暂时性。

同时，应当注意暂予监外执行方式的暂时性也存在例外情况，比如"生活不能自理"的罪犯就是这种例外情况的典型代表。罪犯生活不能自理主要是存在某种符合法律规定的身体缺陷或年龄原因（主要是指65周岁以上的罪犯），罪犯一旦出现生活不能自理的情况，以后消失或者改变这种现状的可能性通常都比较低。所以，对于因罪犯不具有生活自理能力而适用暂予监外执行的情形，其监外执行的结束时间在多数情况下是由罪犯刑期结束时间或罪犯死亡时间决定的。从这个意义上讲，这种情况属于长期性而非暂时性的暂予监外执行，这就是暂予监外执行方式暂时性的例外情形。

（四）执行地点具有特殊性

我国暂予监外执行制度针对的是罪犯出现不适宜继续在传统的封闭式刑罚执行场所内（包括看守所和监狱等）服刑的特殊情形，把罪犯从原来封闭的刑罚执行场所转移至监外执行刑罚,也就是说刑罚执行的场所发生了变化,即由封闭性的监内转向开放性的社区。根据2012年《刑事诉讼法》第258条的规定,对暂予监外执行的罪犯依法实行社区矫正,并由社区矫正机构负责对罪犯进行矫正教育。[1]2016年8月28日,司法部出台了《监狱暂予监外执行程序规定》,对社区矫正的执行等方面进行了规定。[2]

社区矫正的执行场所通常是指罪犯居住地的社区或街道等场所。因此,这种方式打破了在监狱等监禁场所的封闭与隔离状态,为罪犯的矫正改造提供了有利条件。

(五)执行时间具有折抵性

当前,刑罚人道主义已经成为各国刑事司法的主流价值观念,也形成了全世界的普遍共识。根据我国《刑事诉讼法》《暂予监外执行规定》等法律法规的规定,若罪犯在暂予监外执行期间遵纪守法、严于律己并能认真地履行相关义务,可将其在监外执行的时间用以折抵原判处的刑期,即监外执行的时间具有折抵性。若暂予监外执行的时间与原被判处的刑期能够相折抵,即表示罪犯刑期已满,无需再收监执行。若罪犯暂予监外执行的时间未达到原被判处的刑期,那么,罪犯还需要再收监执行余下的刑期。

同时,法律也规定了刑期不能折抵的例外情况,根据2012年《刑事诉讼法》第257条规定,如果罪犯是通过非法手段获得暂予监外执行或者在执行期间逃跑,那么,在监外执行的时间就不能折抵刑期。[3]之所以这两种情况不能计入刑期,是因为执行依据的不正当性,其主要目的是防止在暂予监外执行中发生司法腐败行为,堵住对其监管的漏洞。

需要说明的是,暂予监外执行的时间可以折抵罪犯的服刑时间,这是我国暂予监外执行制度最具中国特色的地方。同时,这也正是我国暂予监外执行制度与域外相似制度的最大区别所在。

(六)执行效力具有同一性

根据《刑事诉讼法》第269条的规定,暂予监外执行的罪犯须到社区接受教育改造,罪犯在社区接受矫正相对监狱而言自由度更大。根据2012年1

---

[1] 参见2012年《刑事诉讼法》第258条,即2018年《刑事诉讼法》第269条。
[2] 参见《监狱暂予监外执行程序规定》第26条、第27条。
[3] 参见2012年《刑事诉讼法》第257条,即2018年《刑事诉讼法》第268条。

月 10 日发布的《社区矫正实施办法》第 11 条至第 15 条的规定，社区矫正者必须定期将自己参与教育学习、参与社会活动、接受和服从监督管理以及义务的履行等情况报告至司法所。对于出现家庭重大变故、工作或居所发生改变和接触不良人员等影响正常矫正的，社区矫正人员需要及时报告。此外，对于保外就医的罪犯，还需要每月将个人身体状况向司法所报告，同时每隔 3 个月报告病情复查结果证明。[1] 可见，罪犯在社区矫正期间也同样要按照规定执行刑罚。

罪犯在社区矫正期间，必须按照《社区矫正实施办法》《暂予监外执行规定》等法律法规的要求，接受社区矫正机构的管理，完成相应的任务。这同样也是一种刑罚执行方式，只是罪犯在人身自由受限程度上与在监狱内有所不同。虽然暂予监外执行对罪犯的人身自由限制较少、惩罚性较轻，但同样不能忽视它的惩罚改造性。李斯特认为："刑罚的任务是通过威慑（增强罪犯的恐惧心理）和矫正（改变其性格）将罪犯改造成为对社会有用之才。"[2] 暂予监外执行制度的目的也是为了对其进行改造，使其最终能够顺利回归社会。因此，在刑罚执行的效力上具有同一性。

第二节　暂予监外执行的立法现状

暂予监外执行制度的内容涉及面较广，从目前的立法情况来看，我国关于暂予监外执行的规定主要包括法律、部门规章和地方法规等三个方面。暂予监外执行的相关法律法规为暂予监外执行的实施提供了法律依据。

一、暂予监外执行的相关立法

我国在 1979 年《刑事诉讼法》中明确了暂予监外执行制度，2012 年《刑事诉讼法》对暂予监外执行制度进行了修改和完善。同时，《监狱法》等法律法规也对暂予监外执行制度进行了相应的修改，社区矫正的立法工作也正在积极推进之中。

---

[1] 参见《社区矫正实施办法》第 11 条至第 15 条。
[2] 参见 [德] 冯·李斯特：《论犯罪、刑罚与刑事政策》，徐久生译，北京大学出版社 2016 年版，第 7 页。

（一）《刑事诉讼法》对暂予监外执行的修订

1996年《刑事诉讼法》对暂予监外执行制度进行了规定。在2012年《刑事诉讼法》中，对暂予监外执行制度又进行了新增和修改，主要体现在第四章"执行"中，具体内容为：

一是扩大了适用暂予监外执行的范围。在本次修改中，将被判处无期徒刑并且处于哺乳期或怀孕的情况纳入了暂予监外执行的范围，即把暂予监外执行的适用范围扩大到了无期徒刑但同时又作出了限制。

二是加强检察机关对刑罚执行活动的检察监督力度，将原来的事后监督改变为同步监督模式。在1996年《刑事诉讼法》中，对暂予监外执行的监督采用的是事后监督模式。人民检察院仅仅是在接到暂予监外执行决定书后，对暂予监外执行涉及的法律文书等资料进行事后审查，这种监督方式很难堵住可能发生的漏洞，其监督的效果也很难得到保障。在2012年《刑事诉讼法》中，新增加了第255条，规定了人民检察院对暂予监外执行的同步监督模式。[1]即暂予监外执行的意见呈报、批准决定程序和监督程序是同步进行的，这就便于检察机关及时发现问题并及时提出检察意见。从而，增强了检察监督的力度。

三是规范了审批决定程序，明确了暂予监外执行不计入刑期的情形。2012年《刑事诉讼法》第257条，对暂予监外执行期间不计入刑期的情形进行了细化。[2]同时，还对暂予监外执行的申请与决定程序等方面作出了明确规定。

四是改变了暂予监外执行的执行主体和执行方法。根据2012年《刑事诉讼法》第258条规定，将执行主体由原来的公安机关改为社区矫正机构。原来是由基层派出所负责对暂予监外执行人员进行监管，但由于基层派出所干警力量相对薄弱，大多数公安机关对执行工作没有派专人负责，派出所的监督管理流于形式，将暂予监外执行交由公安机关执行，实际上等于无人执行。在实践中，罪犯由于脱离管教而造成严重后果的情况比较突出。[3]

因此，将暂予监外执行的执行主体改为社区矫正机构，在加强对矫正人

---

[1] 参见2012年《刑事诉讼法》第255条，即2018年《刑事诉讼法》第266条。
[2] 参见2012年《刑事诉讼法》第257条，即2018年《刑事诉讼法》第268条。
[3] 参见陈光中主编：《〈中华人民共和国刑事诉讼法〉修改条文释义与点评》，人民法院出版社2012年版，第362页。

员的监管，提高矫正效果等方面具有积极的促进作用。

(二)《监狱法》对暂予监外执行的修订

2012年新修订的《监狱法》对暂予监外执行制度进行了修改和完善。修改内容主要体现在第三章第三节中，进一步明确了适用暂予监外执行的条件与范围，对暂予监外执行的审批决定程序、收监程序和检察机关的监督等方面进行了规定。

(三)《社区矫正法》的立法工作正在积极推进

2003年，我国在北京等6个省（市）启动社区矫正试点工作，2005年将试点范围扩大到18个省市。2008年10月，司法部提出了全面试行社区矫正工作的意见。2009年9月，"两院两部"出台了《关于在全国试行社区矫正工作的意见》。至此，社区矫正工作在全国范围内全面开展。

为了规范社区矫正工作，2012年1月，"两院两部"出台了《社区矫正实施办法》，此后启动了《中华人民共和国社区矫正法（专家建议稿）》，2016年10月，全国人民代表大会常务委员会对《社区矫正法》的草案进行了审议，2016年12月1日，《中华人民共和国社区矫正法（征求意见稿）》向全社会公布，这也预示着《社区矫正法》将在不久之后颁布实施。

二、暂予监外执行的执法与司法文件

我国《刑事诉讼法》和《监狱法》等法律对暂予监外执行制度进行了规定。同时，我国的司法行政机关也先后出台了相关的执法与司法文件，主要体现在以下几个方面：

(一) 加强对保外就医的管理

1. 1977年11月14日，最高人民法院、公安部发布了《关于加强对监外就医、监外执行、假释、缓刑犯人管理工作的联合通知》（以下简称《通知》），主要针对被判处暂予监外执行罪犯的情况进行分析，执行机关对保外就医罪犯的监管力度不够，导致许多罪犯出现了重新犯罪的现象。因此，要求公安机关加强对保外就医、暂于监外执行的罪犯的管理。并规定如果出现了重新犯罪的情况，执行机关需要及时逮捕。该《通知》已于2012年8月21日被废止。

2. 1990年12月31日，最高人民检察院、司法部和公安部联合出台了《罪犯保外就医执行办法》（以下简称《办法》），主要是针对在保外就医中出现的审批把关不严，罪犯采用非法手段骗取保外就医逃避法律的惩罚等现象。因此，对保外就医的执行条件及对象、保外就医的程序、疾病伤残范围和刑期如何计算等方面进行了规定。同时还列举了罪犯不得保外就医和需要对其进行收监执行的情形。该《办法》被2014年12月1日起实施的《暂予监外执行规定》替代。

3. 2014年12月11日，最高人民法院下发了《关于罪犯交付执行前暂予监外执行组织诊断工作有关问题的通知》（以下简称《通知》）。《通知》从如何规范暂予监外执行组织诊断工作、落实责任、严格程序和加强监督四个方面进行规定。该《通知》下发以后，部分地方高级人民法院制定了实施细则。目前，全国法院系统已有江苏、湖南、河北等8个高级人民法院制定了罪犯交付执行前暂予监外执行组织诊断工作实施细则等规范性文件。[1]

（二）刑罚执行机关对暂予监外执行的管理

1. 1987年2月20日，由最高人民法院、最高人民检察院、公安部、司法部联合发布了《关于罪犯在看守所执行刑罚以及监外执行的有关问题的通知》，要求如果对在看守所服刑和应交付监狱、劳改队执行的罪犯实行暂予监外执行的，必须要按照1979年《刑事诉讼法》第157条规定的程序办理手续，对患有严重疾病或怀孕的罪犯还需要出具县级以上医院的证明，对在哺乳期的罪犯由罪犯当地的乡镇派出所开具证明。

2. 2008年2月29日，公安部出台了《看守所留所执行刑罚罪犯管理办法》（以下简称《办法》）。对罪犯适用监外执行的条件、提请程序、审批和执行程序等方面进行了规定。2013年11月23日，该《办法》被修订。

3. 2013年1月1日，公安部实施了修订后的《公安机关办理刑事案件程序规定》。明确了留所执行刑罚的罪犯可以适用暂予监外执行的类型，对收监执行的程序进行了规定。对已羁押的被判处暂予监外执行的罪犯，由看守所将其交付社区矫正机构执行。

4. 2013年10月23日，公安部发布了修订后的《看守所留所执行刑罚罪犯管理办法》，对暂予监外执行的申请人进行了明确，对暂予监外执行罪犯的病情鉴定、妊娠检查和生活不能自理的鉴定进行了规定。同时，还规定了保

---

[1] 王少南："全面推进人民法院暂予监外执行组织诊断工作切实保障刑罚有效实施"，载《人民法院报》2016年9月27日，第3版。

证人应当具备的条件。

（三）加强对暂予监外执行的监督

1.1989年8月30日，最高人民法院、最高人民检察院、公安部、司法部联合下发了《关于依法加强对管制、剥夺政治权利、缓刑、假释和暂予监外执行罪犯监督考察工作的通知》，该文件主要是为了解决罪犯交接脱节、管理失控和监督不力等问题。对罪犯在监外执行期间的活动范围进行了限制，要求刑罚执行机关对暂予监外执行的申请进行严格审批，加强对罪犯在监外的行为管理，对监督机关的监督方式和要求进行了明确。

2.2007年8月3日，最高人民检察院印发了《关于加强对监外执行罪犯脱管、漏管检察监督的意见》，主要是为防止和纠正监外执行罪犯脱管、漏管问题。要求建立健全监外执行检察监督机制，健全监外执行罪犯脱管、漏管问题发现机制，健全防止监外执行罪犯脱管、漏管的协作机制和责任追究机制。

3.2008年3月23日，最高人民检察院发布了《人民检察院监外执行检察办法》，对人民检察院监外执行检察任务、内容、方法、纠正违法的程序和检察建议进行了明确。

4.2014年6月23日，最高人民检察院发布了《关于对职务犯罪罪犯减刑、假释、暂予监外执行案件实行备案审查的规定》，主要规定了人民检察院对原县处级以上的职务犯罪罪犯适用暂予监外执行实行备案审查制度，对审查的程序等方面亦作出了规定。

（四）加强和规范暂予监外执行的执行工作

1.2009年6月25日，中央社会治安综合治理委员会办公室、最高人民法院、最高人民检察院、公安部和司法部联合出台了《关于加强和规范监外执行工作的意见》。从交付执行、监督管理、检察监督和综合治理四个方面进行了规范。该文件现在有效。

2.2014年1月21日，中央政法委出台了《关于严格规范减刑、假释、暂予监外执行切实防止司法腐败的意见》。该文件主要是为了防止在暂予监外执行中发生徇私舞弊和权钱交易等腐败行为。要求对黑社会性质组织犯罪、职务犯罪、破坏金融管理秩序和金融诈骗犯罪适用保外就医，必须从严把握严重疾病的范围和条件。同时，对如何完善暂予监外执行的程序进行了规定。实行网上公示制度和检察机关同步监督制度。对在暂予监外执行过程中有违法违规行为的,要严肃追究其责任,对构成犯罪的还要依法追究刑事责任。

3. 2014年10月24日,最高人民法院、最高人民检察院、公安部、司法部、国家卫生计生委联合出台了《暂予监外执行规定》,进一步明确了暂予监外执行的适用范围、审批程序和相关责任,完善了各项监督制约机制,对于堵住逃避刑罚的漏洞具有重要意义。此外,还对《保外就医严重疾病范围》作出了全面修订。

三、司法机关相关批复情况

在暂予监外执行制度实施过程中,上级司法行政机关针对各地司法机关遇到的问题进行了批复,这些批复有利于解决暂予监外执行中的各种具体问题。

(一) 关于监外执行人员在监外执行期间是否可以结婚的规定

1. 1957年3月9日,最高人民法院在《关于在缓刑期间或者取保监外执行的犯人可以依法结婚等问题的批复》中,对罪犯在取保监外执行期间是否可以依法结婚的问题,认为只要符合法定结婚条件的就可以依法登记结婚。这是我国司法行政机关对监外执行有关问题最早的批复。由于《中华人民共和国婚姻法》(以下简称《婚姻法》)的出台,该文件已不再适用。

2. 1963年8月31日,最高人民法院、最高人民检察院和公安部在《关于徒刑缓刑假释监外执行等罪犯的恋爱与结婚问题的联合批复》中,对监外执行罪犯的恋爱与结婚问题,认为需要区别对待。具体分两种情况进行处理:第一种情况是监外执行的罪犯符合《劳改条例》第60条第2项规定的可以允许结婚;第二种情况是如果罪犯因身患严重疾病需要保外就医的,考虑到罪犯在病愈后还要收监执行,不允许其结婚较为适宜。该文件由于《婚姻法》的出台也不再适用。

(二) 关于监外执行人员在执行期间的待遇

1. 1957年6月18日,最高人民法院在《关于判处徒刑监外执行的罪犯工资待遇问题的复函》中,对黑龙江省、江西省高级人民法院提出的关于判处徒刑监外执行(包括交原工作单位执行)的罪犯,在执行期间的工资待遇应如何确定的问题,认为在执行期间不应适用同工同酬的原则,而应比一般职工要低,至于究竟应低多少,该文件没有进行统一规定,而是由原工作单位根据具体情况进行决定。该文件现已失效。

2. 1963年6月15日,最高人民法院《关于判处徒刑监外执行等问题的批复》中体现的态度发生了转变,同意公社社员在被判处徒刑监外执行期间实行同工同酬。由此可以看出,有关监外执行罪犯在执行期间的劳动报酬问题,从最初的不适用同工同酬向适用同工同酬转变。该文件现已失效。

(三)关于监外执行相关手续的办理

1. 1963年7月29日,最高人民法院、最高人民检察院和公安部在《关于监外执行的罪犯重新犯罪是否需要履行逮捕手续问题的批复》中指出,如果罪犯还没有完成刑期,在监外执行的过程中出现了重新犯罪等现象,公安机关以及执行机关可以对其进行拘押。如果原属公安机关批准监外执行的罪犯重新犯罪后,不需重新履行逮捕手续。由于在2013年1月1日实施的《公安机关办理刑事案件程序规定》中对此已有规定,该文件不再适用。

2. 1974年6月3日,最高人民法院在《关于有期徒刑监外执行期满后如何办理手续问题的复函》中,对1972年以前判处徒刑监外执行的罪犯,在执行期满后如何办理手续的问题,根据公安部1972年11月2日下发的《关于对罪犯不许滥用"监外执行"问题的通知》要求,其手续由公安机关办理。由于在2014年12月1日起实施的《暂予监外执行规定》中已有规定,该文件不再适用。

(四)关于监外执行刑期的计算

1990年3月30日,最高人民法院研究室在《关于监外执行的罪犯重新犯罪的时间是否计入服刑期问题的答复》中明确提出,对于监外执行的罪犯在监外执行期间,凡是没有办理审批手续而擅自离开居住地或者超过审批期限的时间不计入执行期。该文件已于2013年1月18日失效。

四、暂予监外执行地方性法规

我国各个地方司法机关根据当地的实际情况,就如何执行相关法律的规定,出台了暂予监外执行的地方性法规。

(一)2012年《刑事诉讼法》修改前的地方性法规

1. 2007年3月9日,湖北省高级人民法院、湖北省人民检察院、湖北省司法厅和湖北省公安厅联合出台了《关于规范和加强减刑、假释、暂予监外执行工作的暂行规定》,明确了人民法院、人民检察院和司法行政机关的职责分工。同时,要求人民法院、人民检察院、公安机关和司法行政机关建立联系制度，通过召开联席会议研究、协调和解决暂予监外执行工作中带有倾向性的问题，建立信息互通制度，保持经常性联系，发现问题及时解决。

此外，明确了人民检察院如何加强对刑罚执行机关办理暂予监外执行活动进行监督的内容和程序。

2. 2008年9月12日，江苏省高级人民法院、江苏省人民检察院、江苏省司法厅和江苏省公安厅联合出台了《关于认真贯彻落实宽严相济刑事政策进一步做好罪犯减刑假释暂予监外执行工作的意见（试行）》，提出了"严格依法、区别对待、公平公正和注重社会效果"的原则。对暂予监外执行工作程序和罪犯的交付程序等方面进行了明确。要求建立罪犯本人与接收监狱、派出所和当地基层组织"三见面"制度。从而，加强对罪犯在交付环节的管理，防止罪犯在交付环节出现脱管漏管现象。

（二）2012年《刑事诉讼法》修改后的地方性法规

2012年《刑事诉讼法》修改后，我国大多数省市司法行政机关出台了暂予监外执行的实施办法，对适用条件、办理程序等作出了更具操作性的规定。

1. 2013年7月19日，浙江省高级人民法院、浙江省人民检察院和浙江省公安厅联合出台了《浙江省罪犯暂予监外执行实施办法》，对暂予监外执行的适用范围进行了细化，设置了救济程序，要求实行保证人制度。在交付执行上明确和细化了收监规定。在法律监督上，检察机关有权对暂予监外执行的各个环节进行检察监督，对发现的问题提出纠正意见。

此外，浙江省还出台了《关于罪犯暂予监外执行情形鉴定和认定的适用意见》，明确对"短期、长期"和"生活不能自理"的认定，关于《罪犯保外就医疾病伤残范围》中有关疾病伤残的认定和"年老多病"的鉴定和认定进行了详细的规定。这是我国规定暂予监外执行制度的首部地方性法规。

2. 2014年12月30日，辽宁省人民政府办公厅印发了《关于辽宁省监狱管理局主要职责内设机构和人员编制规定的通知》，要求设立"刑罚执行处"，主要负责全省监狱刑罚执行的工作，承担审核、批准办理罪犯暂予监外执行的工作。按管理权限受理罪犯的申诉、控告、检举和指导监狱暂予监外执行等工作，承办罪犯暂予监外执行的审批等工作，协助参与暂予监外执行等案件的查处。通过设立专门的刑罚执行机构，从而加强刑罚执行工作的力度。

3. 2014年10月8日，江苏省人力资源和社会保障厅发布了《关于社区服刑人员参加基本医疗保险和待遇享受问题的通知》，该文件主要是为了妥善解决包括暂予监外执行在内的社区服刑人员的医疗保障问题。规定社区矫正人员可以根据自身情况选择参加医疗保险，解决就医难问题。

4. 2014年10月15日，河南省高级人民法院出台了《关于规范办理暂予监外执行案件若干问题的规定（试行）》。该文件全文共16条，其主要内容包括对罪犯的交付执行、保外就医的认定和检察监督等方面，要求对暂予监外执行案件加强监督力度。采取调查核实、提前公示、公开听证和文书上网的方式进行广泛监督。对检察监督尤其是对"三类犯罪"的暂予监外执行案件，应组织召开听证会，并邀请同级人民检察院监所检察部门参加；对暂予监外执行的职务犯罪实行异地诊断和鉴定的办法，填补保外就医鉴定环节的漏洞。同时，对患严重疾病的罪犯决定暂予监外执行的期限进行了明确，一般为半年。期满前1个月，应当视情况对罪犯病情进行重新检查或者鉴定，并重新研究是否需要继续暂予监外执行。需要继续暂予监外执行的，仍然应当提请审判委员会讨论和报请上级法院内审。不需要暂予监外执行的，合议庭可以作出收监执行的决定。

5. 2015年10月14日，内蒙古自治区高级人民法院出台了《关于罪犯交付执行前暂予监外执行组织诊断工作实施细则（试行）》。该实施细则分为8章共43条，对鉴定的牵头单位、具体负责部门以及参与人进行了详细的规定，而且对各类疾病在何地鉴定都进行了细化规定，要求鉴定必须采取合议制方式，对检察机关的监督程序进行了明确。

总体来讲，我国关于暂予监外执行制度的法律法规在不断地修改和完善，尤其是在十八大以后，无论是国家层面的立法，还是各地出台的地方性法规，都为暂予监外执行制度的司法实践提供了有力的法律依据，进一步丰富和发展了暂予监外执行制度。

但同时，我们也应当看到，我国暂予监外执行制度还存在很多需要改进的地方，比如暂予监外执行制度还未形成完整的体系，这些规定都是分散在不同的法律条文中。有关暂予监外执行的法律法规在内容上还需要进一步完善。

第三节　暂予监外执行制度的实践图景

目前，我国《刑事诉讼法》《监狱法》《暂予监外执行规定》等法律法规,为我国暂予监外执行制度的实施提供了有力的法律依据,也使我国暂予监外执行制度得到了落实。暂予监外执行制度的司法实践取得了一定的成绩,但也存在一些需要改进的地方。

一、保外就医在暂予监外执行中占有较大比重

笔者对全国法院减刑、假释、暂予监外执行信息网公布的2014年至2016年的信息进行了统计。[1]统计结果显示,在网上公布的全国暂予监外执行人数为1183人。其中,男性829人,占70%;女性354人,占30%。保外就医861人,占73%;怀孕或哺乳自己婴儿的有264人,占22%;生活不能自理的有58人,占5%。具体情况见下表:

暂予监外执行人数分布情况表

省份	性别		总人数	暂予监外执行各类别人数（人）					
	男	女		保外就医	比例	生活不能自理	比例	怀孕或处于哺乳期	比例
北京	29	9	38	33	87%			5	13%
天津		1	1		0%			1	100%
上海									
重庆	1		1			1	100%		
河北	22	7	29	24	83%			5	17%
山西	31	5	36	33	92%	1	3%	2	6%
辽宁	7	3	10	8	80%		10%	1	10%
吉林	2	1	3	3	100%				
黑龙江	49	16	65	49	75%	2	3%	14	22%

---

〔1〕遗憾的是,我国至今没有公布过全国统一的暂予监外执行人员数量的统计数字。但是根据孟建柱书记的讲话,我国从2003年开始社区矫正试点,2005年扩大试点,2009年全面试行。2003年到2013年10年来,全国累计接收社区服刑人员184.7万人,解除社区矫正的113.8万人。可以看出,我国每年接收社区矫正人员18万多人,适用社区矫正的人员包括缓刑、假释、暂予监外执行人员三类,暂予监外执行人员只是其中一类。参见孟建柱:"全面推进社区矫正工作促进社区服刑人员更好地融入社会",载社区矫正网, http://www.sqjz.net/news/2014/0725/18.html。

续表

省份	性别		总人数	暂予监外执行各类别人数（人）					
	男	女		保外就医	比例	生活不能自理	比例	怀孕或处于哺乳期	比例
江苏	124	60	184	127	69%	17	9%	40	22%
浙江	45	19	64	47	73%	1	2%	16	25%
安徽	26	8	34	26	76%	3	9%	5	15%
福建	29	17	46	32	70%	1	2%	13	28%
江西	9	3	12	9	75%	3	25%		
河南	273	114	387	286	74%	11	3%	90	23%
湖北	18	11	29	19	66%			10	34%
湖南	41	20	61	46	75%			15	25%
广东		1	1	1	100%				
海南									
四川	24	13	37	17	46%	9	24%	11	30%
贵州	11	9	20	12	60%	2	10%	6	30%
云南	23	4	27	21	78%	2	7%	4	15%
陕西	17	1	18	16	89%			2	11%
甘肃	5	3	8	4	50%	1	13%	3	38%
广西	13	11	24	15	63%			9	38%
青海									
内蒙古		1	1		0%			1	100%
宁夏	19	10	29	21	72%	1	3%	7	24%
西藏		3	3	1	33%			2	67%
新疆	7	2	9	7	78%			2	22%
山东	4	2	6	4	67%	2	33%		
合计	829	354	1183	861	73%	58	5%	264	22%

根据上述信息统计结果显示，全国暂予监外执行各类别人数分布情况如图所示：

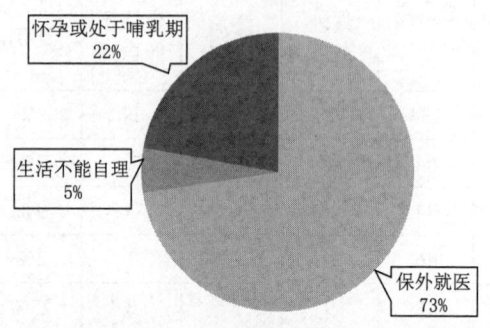

全国暂予监外执行各类别人数分布

从上图可以看出，在暂予监外执行中，保外就医的占绝大多数，达到了70%以上，其次是怀孕或哺乳自己婴儿的占20%以上，占比最少的是生活不能自理的，仅为5%左右。

在司法实践中，罪犯身患严重疾病需要保外就医的情况的出现概率较高，一个重要的原因就是其他两个法定条件缺乏相应的法定程序和明确的界定标准。根据我国法律法规，只有"罪犯身患严重疾病需要保外就医"这一条件有相关的实施办法，其他的两个法定条件并没有成文的程序规定。此外，法律上对其他两种条件的规定较为粗疏，也没有详细的认定标准。这在一定程度上给暂予监外执行机关在实体认定和程序运作上造成困扰。在暂予监外执行中，罪犯的性别分布见下图：

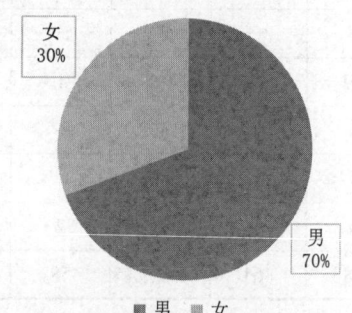

全国暂予监外执行人员性别分布情况

从上图可以看出，在暂予监外执行的罪犯中，男性占比高达70%，女性占比为30%。因此，从暂予监外执行人员的性别来看，男性罪犯远远多于女性罪犯。这也可以从犯罪的种类中看出，犯盗窃罪、贩卖毒品罪的比例相对较高，而这类犯罪也大多发生在男性罪犯中。

二、暂予监外执行罪犯以非暴力犯罪人员为主

通过对全国法院减刑、假释、暂予监外执行信息网公布的数据进行统计的结果来看，2014年9月至2016年12月，暂予监外执行人员的犯罪类别情况为：妨碍社会管理犯罪446人，占39%；侵犯财产类犯罪224人，占19%；职务犯罪178人，占15%；破坏市场经济秩序犯罪95人，占8%；侵犯人身权利犯罪107人，占9%；其他犯罪113人，占10%。具体见下表：

暂予监外执行罪犯种类统计表

省市	总人数	职务犯罪	比例	侵犯财产类犯罪	比例	侵犯人身权利犯罪	比例	妨碍社会管理犯罪	比例	破坏市场经济秩序犯罪	比例	其他犯罪	比例
北京	38	8	21%	9	24%	3	8%	13	34%	4	11%	1	3%
天津	1	1	100%										
重庆	1											1	100%
河北	29	3	10%	7	24%	3	10%	13	45%	3	10%		
山西	36			1	3%	5	14%	22	61%	7	19%	1	3%
辽宁	10	4	40%	1	10%	1	10%	1	10%	1	10%	2	20%
吉林	3							1	33%	2	67%		
黑龙江	65	7	11%	11	17%	2	3%	29	45%	6	9%	10	15%
江苏	184	31	17%	42	23%	4	2%	81	44%	14	8%	12	7%
浙江	64	11	17%	12	19%	5	8%	29	45%	5	8%	2	3%
安徽	34	5	15%	8	24%	6	18%	12	35%	1	3%	2	6%
福建	46			17	37%	1	2%	19	41%	4	9%	5	11%

续表

省市	总人数	职务犯罪	比例	侵犯财产类犯罪	比例	侵犯人身权利犯罪	比例	妨碍社会管理犯罪	比例	破坏市场经济秩序犯罪	比例	其他犯罪	比例
江西	12	4	33%			8	67%						
河南	387	64	17%	61	16%	47	12%	120	31%	37	10%	58	15%
湖北	29	8	28%	9	31%	1	3%	10	34%	1	3%		
湖南	61	16	26%	14	23%	4	7%	26	43%	1	2%		
广东	1							1	100%				
海南													
四川	37	4	11%	4	11%	2	5%	25	68%	2	5%		
贵州	20			2	10%	2	10%	10	50%	2	10%	4	20%
云南	27	2	7%	5	19%	6	22%	10	37%	1	4%	3	11%
陕西	18	1	6%	3	17%			2	11%	1	6%	11	61%
甘肃	8	1	13%	3	38%	1	13%	3	38%				
广西	24	2	8%	6	25%	1	4%	13	54%	2	8%		
内蒙古	1							1	100%				
宁夏	29	2	7%	5	17%	4	14%	17	59%			1	3%
西藏	3	1	33%	2	67%								
新疆	9	3	33%	1	11%	1	11%	3	33%	1	11%		
山东	6			1	17%			5	83%				
合计	1183	178	15%	224	19%	107	9%	466	39%	95	8%	113	10%

第二章 暂予监外执行制度的基本规范与执行情况

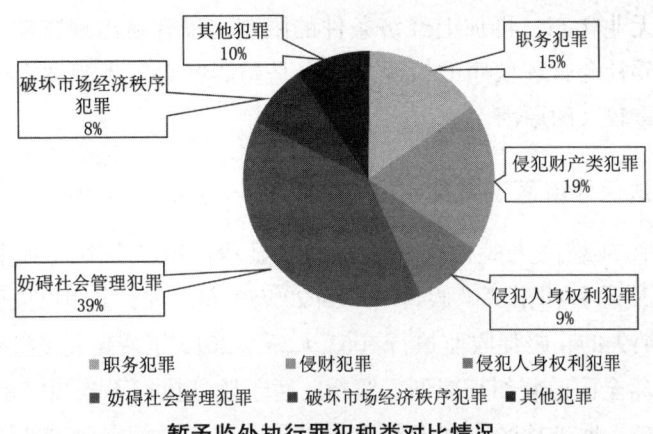

暂予监外执行罪犯种类对比情况

从以上数据和统计图可以看出，在犯罪的类型中，妨碍社会管理犯罪的占比较大，[1]占39%，其次是侵犯财产类犯罪[2]和职务犯罪，分别占19%和15%。笔者认为主要有以下几个方面的原因：

第一，从暂予监外执行的法定条件来看，暂予监外执行的罪犯以保外就医居多。根据《暂予监外执行规定》第11条的规定，取保人应当符合具有固定的住处和收入，能够与被保证人共同居住或者居住在同一市、县等条件。[3]从经济条件上来讲，职务犯罪罪犯相比犯其他性质罪的而言，家庭经济条件总体上要好一些。因此，取保人资格审查通过率较高。

第二，从暂予监外执行罪犯的人身危险性来看，职务犯罪一般都属于非暴力性犯罪，罪犯的人身危险性相比暴力性犯罪、毒品犯罪的罪犯来说要小。尽管暂予监外执行的立法目的是体现刑罚执行的人道主义，以便罪犯最终能够顺利回归社会。但法律也同样规定，适用暂予监外执行的罪犯不能具有人身危险性，这是罪犯能够适用暂予监外执行的前提条件之一，而职务犯罪罪犯的人身危险性一般要低于其他罪犯。

第三，在暂予监外执行的罪犯中，犯吸食毒品、卖淫、盗窃等妨碍社会管理秩序犯罪的是主要组成部分。这些罪犯的特点是家庭经济条件一般都比较差。笔者根据对C市S区的实地走访发现，这些罪犯大多没有正式的工作，

---

[1] 妨碍社会管理罪的范围参见《刑法》第277条至第367条的规定。
[2] 侵犯财产罪的范围参见《刑法》第263条至第276条的规定。
[3] 参见《暂予监外执行规定》第11条。

很多都处于无业状态，再加上经济条件的限制，很容易出现盗窃、吸食或贩卖毒品等妨碍社会管理秩序的情况。这也是妨碍社会管理犯罪在暂予监外执行中所占比重较大的原因。

三、非法保外就医现象突出

根据2016年最高人民检察院工作报告显示：2015年纠正脱管7164人、漏管3614人；监督纠正"减假暂"不当22 789人，对严重违反监管规定或监外执行条件消失的，督促收监执行1063人。[1]2019年最高人民检察院工作报告称，2018年全国监督纠正减刑、假释、暂予监外执行不当39 287人次，同比上升38.9%；促进社区服刑人员监管措施落实，脱管漏管减少，去年纠正4439人，同比下降36.8%。[2]

尽管加强了检察监督，但暂予监外执行中的贪污受贿、徇私舞弊现象仍然存在，也暴露出对暂予监外执行中各个环节的监督需要进一步加强。比如在2000年，大连黑社会老大邹显卫，因犯故意杀人罪而被判死缓，在监狱服刑时，通过收买监狱管理者，非法获得保外就医后再次酿成血案。[3]2016年6月20日，广西壮族自治区监狱管理局原党委书记、政委钟某涉嫌滥用职权、受贿一案，由广西壮族自治区人民检察院侦查终结后，指定南宁铁路运输检察分院审查起诉。其被起诉主要原因是震惊全国的南丹矿难事件主犯黎某2002年被判刑入狱，但在2004年就已获准保外就医。为了帮助黎某提前出狱，除钟某外，广西监狱系统另有15名官员与工作人员参与其中，他们或玩忽职守、滥用职权，或出具虚假证明材料，最终帮助黎某获得保外就医资格。[4]

在司法实践中，存在本不该保外就医的罪犯通过非法手段获取保外就医资格，而真正需要在监外接受治疗的罪犯又无法被保外就医的现象。据司法部统计显示，我国监狱关押的"老病残犯"的比例约为5%。[5]实践中，还存在"一保就亡"的情况。如2016年11月12日，经法院两次开庭审理之

---

[1] 参见"最高人民检察院工作报告"，载http://www.spp.gov.cn.
[2] 参见"最高人民检察院工作报告"，载http://www.spp.gov.cn.
[3] 参见春雷等："谁在纵容'虎豹'横行"，载《山东人大工作》2003年第1期。
[4] 参见龙在宇："广西首富出狱后再成云南首富引出广西监狱窝案"，载http://news.qq.com/rain/a/20160808056181.
[5] 郭建安、郑霞泽主编：《社区矫正通论》，法律出版社2004年版，第423页。

后，在四川省遂宁市射洪县看守所等待判决的陈某突然因"病重"被送往医院，15天后宣告死亡。[1]

2017年1月，从对C市女子监狱的调研中了解到，该监狱有在押犯2000人，其中病犯有400多人，占在押犯总数的20%，被暂予监外执行的只有40人，占在押总人数的2%，占病犯总数的10%，也就是说大约有90%的病犯未被保外就医。这些案例和数据从一个侧面反映出那些真正需要到监外接受更好治疗的罪犯不能保外就医，也说明暂予监外执行及其法律监督亟待完善。

从司法实践来看，罪犯通过非法手段骗取保外就医的现象较为突出，这其中大多是职务犯罪的罪犯，他们往往是通过自己在任职期间形成的影响力和人脉关系，采用鉴定造假等非法手段获得保外就医资格，严重损害了司法公正和司法权威。

四、暂予监外执行的检察监督成绩突出但机制仍不健全

近年来，我国检察机关加大了检察监督的力度，尤其是在十八大后纠正了大量刑罚执行不当的情况（其中包括暂予监外执行不当的情形）。具体情况见下表：

全国2010年至2015年检察机关纠正刑罚执行不当情况统计表

年份 \ 人数	纠正减刑、假释、暂予监外执行不当（人）	纠正不符合保外就医条件、脱管漏管、收监（人）	备注
2010	10 813	555	
2011	11 872		
2012	52 068		
2013	16 708		
2014	23 827	2244	
2015	22 789	10 778	

注：以上数据来源于2010年至2015年最高人民检察院工作报告。

---

[1] 参见中国日报网："在押人员送医死亡"，载http://www.ddsb.cn/news/gupiao/2016122595801.html。

从以上数据可以看出，检察机关纠正了大量刑罚执行不当以及刑罚执行过程中的违法行为，取得了一定的成绩。但同时，我国检察机关对暂予监外执行的检察监督还存在很多需要完善的地方。

1996年《刑事诉讼法》只规定了检察机关对暂予监外执行的事后监督职责，即在收到决定或者批准机关抄送的暂予监外执行决定书副本后，认为暂予监外执行不当的，应在法定期间内提出书面纠正意见。[1]2012年《刑事诉讼法》修改后将暂予监外执行检察监督的职责由之前的事后监督变成同步监督。然而2012年《刑事诉讼法》实施以来，暂予监外执行检察监督的效果却并不明显。检察机关对暂予监外执行的检察的监督主要还是停留于书面审查。这种书面审查的监督模式不利于发现监管机关的违法行为，为权力寻租留下了生存的空间。

总之，暂予监外执行的检察监督机制还不健全，比如未进行实质性的同步监督、检察监督的效果不理想等。

---

[1] 参见孙谦主编：《〈人民检察院刑事诉讼规则（试行）〉理解与适用》，中国检察出版社2012年版，第471页。

第三章 域外相似执行制度的比较分析

暂予监外执行制度是具有中国特色的一项刑罚执行制度，但在域外也有相似的制度。比如在德国、俄罗斯、意大利、日本等国家都有类似的制度。这些制度与我国的暂予监外执行制度相比虽然有很大的不同，但对我国暂予监外执行制度的完善有一定的借鉴意义。

第一节 域外相似制度的规定

在刑罚执行过程中，经常会出现由于罪犯身患严重疾病、怀孕或者其他原因不适宜将其进行关押的特殊情况。如何对待这些特殊情况的罪犯，虽然各国的处理方式各不相同，但总体上都体现了刑罚执行人道性的思想。

一、停止执行制度

停止执行制度包括德国的推迟或中断自由刑制度、日本停止执行制度和俄罗斯的延期执行制度。

（一）德国推迟或中断自由刑执行制度

在德国，主要是对身患疾病或者符合法定条件的罪犯采用了两种刑罚执行制度，第一种是推迟自由刑的执行，第二种是暂时推迟执行。

1. 推迟自由刑的执行。推迟自由刑的执行制度主要体现在德国《刑事诉讼法》第455条，具体规定为：（一）受有罪判决人如果患精神病的，应当予以暂缓执行自由刑。（二）受有罪判决人患有其他疾病，执行将危及其生命危险的，前款规定同样予以适用。（三）根据受有罪判决人的身体状况，立即执行与监狱的设施不相宜的，也可以暂缓刑罚的执行。（四）如果存在下列情形，并且可以预计病情将要持续相当一段时间的，执行机关可以中断自由刑的执行：（1）受有罪判决人发生精神病；（2）受有罪判决人患有其他疾病，执行将危及其生命危险的,或者(3)受有罪判决人身患重病,在监狱或者监狱医院里不能查明或者治疗,如果有重要理由,特别是公共安全方面的理由与此相抵触时,则不得中止执行。[1]第455条同时规定:(一)由于执行机构方面的原因需要暂缓或者中止执行,而同时又无重要的公共安全方面原因与此相抵触的,执行机关可以暂缓或者不经被监禁人同意中止自由刑、剥夺自由的矫正及执行保安处分。(二)不能及时取得执行机关的裁决的,监狱长可以在第(一)项的前提条件下不经被监禁人同意暂时中止执行。[2]

2. 暂时推迟执行制度。主要体现在德国《刑事诉讼法》第456条,具体内容如下:(一)如果立即执行将会给受有罪判决人或者其家庭带来严重的、超出刑罚目的之外的不利后果的,依受有罪判决人的申请可以暂缓执行。(二)刑罚暂予推迟不允许超过4个月的时间。(三)批准暂予推迟时,可以要求提供担保或者附以其他条件。[3]

从以上规定可以看出,德国的推迟或中断自由刑执行制度主要是出于对罪犯人权保障的考虑。针对那些身患疾病,但在监狱现有医疗设施条件下无法准确查明病情或者是在监狱治疗会耽误最佳治疗时机甚至是危及其生命的罪犯,在对社会不产生危险性的情形下可以推迟或者中断执行,对于推迟执行的罪犯,国家还设置了专门的限定条件,要求申请人提供担保。

(二)日本停止执行刑罚制度

日本停止执行刑罚制度包括自由刑执行的必要停止和酌定停止两个方面。

1. 自由刑执行的必要停止。自由刑执行的必要停止制度主要体现在日本《刑事诉讼法》第480条和第481条,第480条规定:受惩役、监禁或者拘留宣判的人处于心神丧失的状态时,依据作出刑罚宣判的法院相对应的检察厅的检察官或者受刑罚宣判人现在地的管辖地方检察厅的检察官的指挥,在其状态恢复以前,停止执行刑罚。[4]第481条规定:在依照前条的规定停止执

---

[1] 参见《世界各国刑事诉讼法》编辑委员会编译:《世界各国刑事诉讼法·欧洲卷(上)》,中国检察出版社2016年版,第320页。

[2] 参见《世界各国刑事诉讼法》编辑委员会编译:《世界各国刑事诉讼法·亚洲卷》,中国检察出版社2016年版,第320页。

[3] 参见《世界各国刑事诉讼法》编辑委员会编译:《世界各国刑事诉讼法·欧洲卷(上)》,中国检察出版社2016年版,第320页。

[4] 参见《世界各国刑事诉讼法》编辑委员会编译:《世界各国刑事诉讼法·欧洲卷(上)》,中国检察出版社2016年版,第320页。

行刑罚的场合，检察官应当将受刑罚宣判的人移交负有监护义务的人或者地方公共团体的长官，使之进入医院或其他适当的场所。在作出前款的处分以前，应当将被停止执行刑罚的人留置于监狱内，该期间计入刑期。[1]

2. 酌定停止执行自由刑。酌定停止执行自由刑主要体现在日本《刑事诉讼法》第482条。具体规定为：对于受惩役、监禁或者拘留宣判的人，具有以下情形之一时，可以依据与作出刑罚宣判的法院相对应的检察厅的检察官或者受刑罚宣判人现在地的有管辖权的地方检察厅的检察官的指挥而停止执行刑罚：（一）因执行刑罚而显著损害健康时，或者有不能保全其生命的危险时；（二）年龄在70岁以上时；（三）怀孕150日以上时；（四）分娩后没有经过60日时；（五）因执行刑罚有可能产生不能恢复的不利情况时；（六）祖父母或者父母年龄在70岁以上，或者患重病或残疾，而没有其他保护他们的亲属时；（七）子或者孙年幼，而没有其他保护他们的亲属时；（八）有其他重大事由时。[2]

根据日本《刑事诉讼法》的规定，作必要停止或者是酌定停止的决定，均由与作出刑罚宣判的法院相对应的检察厅的检察官、或者受刑罚宣判人所在地的地方检察厅的检察官作出。日本推行的停止刑罚执行制度也只是暂时停止执行刑罚，而不是变通执行刑罚的方式，从本质上说属于刑罚执行的暂缓或中止。因此，也可以称作为暂缓执行刑罚制度。

（三）俄罗斯的延期执行制度

1. 延期执行制度的适用条件。该制度的适用条件主要体现在俄罗斯联邦《刑事诉讼法》第398条第1款，其规定为：对被判处强制性劳动刑、矫正性劳动刑、限制自由刑、拘役或者剥夺自由刑的人员下达的刑事案件判决，在具有有下列情形之一的情况下，可以由法院推迟到该期限：（1）被处刑人罹患阻碍其履行刑罚的疾病——延期到其康复；（2）女性被处刑人怀有身孕的抑或有年幼子女，或有年幼子女的单亲被处刑人——延期到年幼子女年满14岁。但是，因对未满14岁的未成年人实施性侵害罪而被判处限制自由刑、剥夺自由刑，或者因侵害人身的重度犯罪与极其重度犯罪被判处剥夺自由刑

---

[1] 参见《世界各国刑事诉讼法》编辑委员编译：《世界各国刑事诉讼法·欧洲卷（上）》，中国检察出版社2016年版，第320页。

[2] 参见《世界各国刑事诉讼法》编辑委员编译：《世界各国刑事诉讼法·欧洲卷（上）》，中国检察出版社2016年版，第361~362页。

超过5年的情况除外；（3）因火灾或其他自然灾害引发被处刑人或者亲属遭受严重侵害或者危险的、家庭中唯一具有劳动力的成员罹患疾病或者死亡的以及其他的特殊情况由法庭确定推迟的期限。但是不得超过6个月。[1]

由此可见，俄罗斯的延期执行制度主要是针对由于身患疾病无法在监狱内服刑的、怀孕或家中有不满14岁子女的、自然灾害导致家庭中唯一劳动力出现了疾病或死亡的以及由于其他特殊情况对罪犯或罪犯的亲属造成严重不利后果的。俄罗斯的延期执行制度在适用范围上兼顾了罪犯和罪犯家庭两个方面的因素。

2. 延期执行的提请主体。延期执行的启动不是采用职权主义模式，而是由相关申请人或者检察长抗诉而启动。俄罗斯的延期执行的提请具体包括以下几个方面：一是罪犯本人提出延期执行的申请；二是罪犯的法定代理人或者近亲属提出申请；三是辩护人提出申请；四是检察长提出抗诉。以上四类提请主体提出延期执行的申请后，负责刑事判决的法官根据申请的情况对延期执行判决问题进行审查后作出是否延期执行的决定。

3. 延期执行制度的特点。一是延期执行的启动具有被动性。法官在对延期执行适用的审查上采用被动性原则。延期执行启动由申请人提出，否则，法官不会启动审查程序。二是决定主体具有唯一性。俄罗斯联邦《刑事诉讼法》规定延期执行的决定权只归属负责刑事判决的法官而不是其他人员，对罪犯是否可以适用延期执行制度只能由进行刑事判决的法官作出决定。三是决定的参与面具有广泛性。在对罪犯是否适用延期执行的过程中，并不是由法官独自在封闭的状态下作出，采用的是多方参与机制，既有当事人的参与，也有检察机关对整个决定过程进行监督。其目的是有效防止对罪犯合法权益的侵害，加强对司法权的监督，有效避免决定权的滥用，预防和减少在延期执行过程中司法腐败行为的发生。

（四）意大利的推迟执行和居所执行制度

根据意大利《刑法典》的规定，推迟执行刑罚分为应当推迟和可以推迟两种情形。

第一种是应当推迟的情形。根据意大利《刑法典》第146条规定："有下

---

[1] 参见《世界各国刑事诉讼法》编辑委员会编译：《世界各国刑事诉讼法·欧洲卷（上）》，中国检察出版社2016年版，第501页。

列情况之一的，应当推迟执行不属于财产刑的刑罚：（1）如果刑罚针对的是怀孕的妇女；（2）如果刑罚针对的是分娩不到1年的妇女；（3）如果被判刑人感染上艾滋病、根据《刑事诉讼法》第286条-2第2款确定的严重免疫性疾病或者其他特别严重的疾病，以致其健康状况不允许其处于监禁状态的，只要该人所处的病情发展期根据监狱卫生部门或者监外卫生部门的审核认为不再适合狱中的处遇条件和治疗。在第1款第（1）项和第（2）项规定的情况下，如果根据《民法典》第330条的规定母亲以外的其他人，并且只要终止妊娠或者分娩超过2个月，不实行推迟执行刑罚；已获准推迟的，予以撤销。"[1]

第二种情形是可以推迟的情形，根据意大利《刑法典》第147条规定："有下列情况之一的，可以推迟执行刑罚：（1）如果已经提出赦免请求，并且刑罚的执行不能根据前一条的规定被推迟；（2）如果应当对处于严重疾病状态的人执行限制人身自由的刑罚；（3）如果应当对其子女不满2岁的妇女执行限制人身自由的刑罚。在第（1）项列举的情况中，推迟执行刑罚的时间总共不得超过6个月，该期限自判决成为不可撤销之日起计算，即使后来又重新提出赦免请求。在第1款第（3）项列举的情况中，如果母亲被宣布推迟执行刑罚，《民法典》第330条规定的对子女的权力、新生儿死亡、被遗弃或者被托付给母亲以外的其他人，则撤销推迟执行刑罚的决定。如果存在实施犯罪的具体危险，不得作出第1款列举的决定；已作出决定的，予以撤销。"[2]

在意大利，除推迟刑罚执行制度外，还规定了居所执行制度。在《关于监狱制度和执行剥夺及限制自由措施的规定》中规定："3年以下有期徒刑包括不超过3年的余刑和拘役的对象是：正在怀孕或哺乳期子女的妇女或者与5岁以下子女共同生活的母亲，处于非常严重的健康状况、需持续地同当地卫生负责人接触的人，年龄超过60岁、不能自理或不能部分自理的人。"[3]

从意大利的居所执行制度的适用范围可以看出，居所执行制度充分体现了刑罚执行的人道性特点。特别考虑了需要照顾的幼儿和有健康问题的年老者的特殊情况，但同时也要求必须在规定的范围内才能适用。此外，还对未

---

[1] 参见黄风译注：《最新意大利刑法典》，法律出版社2007年版，第52页。
[2] 参见黄风译注：《最新意大利刑法典》，法律出版社2007年版，第52页。
[3] 参见黄风译注：《最新意大利刑法典》，法律出版社2007年版，第52页。

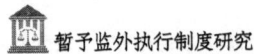

满 21 岁的年轻人在学业、家庭等方面的特殊情况给予关照,有助于罪犯进行积极的自我改造和顺利地回归社会。

二、半释放制度

半释放制度主要体现在法国的新《刑法典》中,该制度主是为了给罪犯提供与社会和家庭接触的机会,以便于其能够顺利地融入社会。同时,对罪犯而言也是一种自我改造的过程。

(一) 半释放制度的性质

法国的半释放制实质上是将监狱和开放待遇结合起来的一种刑罚执行措施。虽然半释放制度不是作为替代徒刑的措施,但它具有替代刑罚执行的性质。半释放制度是为释放被监禁人所做的准备。在半释放期间,罪犯不仅可以受雇到监狱外参加劳动,而且还不受监视,罪犯在劳动结束后可自由地返回监狱。同时,对于那些需要接受治疗的罪犯也同样适用半释放制度。总体来看,法国的半释放制度体现了刑罚执行的人道性。

(二) 半释放制度的目的

法国的半释放制度对罪犯而言是一个教育和再社会化的过程,在半释放期间,罪犯必须严格遵守职业活动和培训的要求。半释放制度主要是为了使罪犯与社会和家庭有更多的接触,最终使罪犯能够顺利地融入社会。

以上是德国、日本、法国、俄罗斯和意大利等国家与我国相似制度的有关规定。这里需要说明的是在美国和英国没有类似的规定,主要原因是其假释制度和赦免制度非常完善。因此,在美国和英国,没有类似我国暂予监外执行的制度。

第二节 域外相似制度的特点

由于各个国家的体制不同,法律的规定也具有差异性。总体来讲,域外相似制度具有适用范围广、审批决定一元化和监外执行的时间不计入刑期等特点。

一、监外执行的适用范围广泛

从德国、日本、法国、俄罗斯和意大利等国的相似制度的规定可以看出,其适用范围相对于我国的暂予监外执行制度的适用范围而言较为广泛。

（一）德国推迟或中断自由刑制度的适用范围

根据德国《刑事诉讼法》的规定，推迟或中断自由刑制度的适用范围主要包括以下几种情形：一是罪犯属于精神病患者；二是由于监狱的设施和条件，不能满足罪犯治疗等方面的需求；三是罪犯身患疾病，而且在短时间内不能治愈；四是对罪犯立即执行刑罚，对其家庭将会造成无法承受的严重影响。[1]罪犯只要符合以上情形，就可以申请推迟或者中断执行刑罚。

由此可见，德国推迟或中断自由刑制度主要是针对身患疾病以及超出刑罚目的给罪犯带来不利后果的情况，体现了对罪犯的人性化关怀。

（二）日本停止执行刑罚制度的适用范围

根据日本《刑事诉讼法》的规定，停止执行刑罚制度的适用范围包括以下几个方面：一是执行刑罚会危及罪犯的生命安全的；二是罪犯正处于孕期，或者产后未满两个月的；三是年老的罪犯（指70岁以上）；四是罪犯的亲属年龄较大，或者年幼又无人照顾的。[2]罪犯符合以上情形的，经过法定程序审批后，可以停止执行刑罚。

由此可见，停止执行刑罚制度的适用范围比较广泛，既考虑了罪犯的身体健康和生命安全的因素，又考虑了罪犯的年龄和家属中有年幼者需要照顾等特殊情况。可见，日本停止执行刑罚制度的适用范围相对于其他国家而言比较广泛。

（三）法国半释放制度的适用对象

法国的半释放制度主要体现在修改后的法国新《刑法典》第132-25条（2004年3月9日第2004-204号法律第185条修改）的规定。[3]从该规定可以看出，法国的半释放制度的适用范围是那些被判处1年及其以下的监禁刑的罪犯。同时，这些罪犯还要具有从事职业活动或者参加职业培训和教育以及参加一些临时性工作的能力，但对于那些重罪罪犯则不能适用半释放制度。

---

[1] 参见《世界各国刑事诉讼法》编辑委员会编译：《世界各国刑事诉讼法·欧洲卷（上）》，中国检察出版社2016年版，第320页。

[2] 参见《世界各国刑事诉讼法》编辑委员会编译：《世界各国刑事诉讼法·欧洲卷（上）》，中国检察出版社2016年版，第361页。

[3] 参见《世界各国刑事诉讼法》编辑委员会编译：《世界各国刑事诉讼法·欧洲卷（上）》，中国检察出版社2016年版，第775页。

(四) 俄罗斯延期执行制度的适用范围

根据俄罗斯联邦《刑事诉讼法》的规定，俄罗斯的延期执行制度的适用范围主要包括以下几个方面：一是身患疾病无法在监狱内服刑；二是罪犯正处于孕期；三是罪犯家中有不满14岁的年幼子女且子女的单亲被判刑的；四是因自然灾害，导致罪犯及其家属遭遇危险等特殊情形。[1]

由此可见，俄罗斯延期执行制度的适用范围不仅考虑了罪犯身患严重疾病等情况，还在因自然灾害等特殊情况给罪犯家属造成严重威胁时给予罪犯特别照顾，这充分说明了俄罗斯在对罪犯人权保障方面作出的积极的努力，也充分体现了刑罚执行的人道性。

(五) 意大利推迟执行和居所执行制度的适用范围

根据意大利《刑法典》的规定，推迟执行刑罚制度主要适用于怀孕、患有严重免疫性疾病或者其他特别严重的疾病、患精神病等情况。居所制度主要适用于刑期在3年以下正在怀孕或哺乳期的妇女，身患严重疾病需要持续治疗；年龄超过60岁的罪犯，生活不能自理或部分不能自理；罪犯未满21岁，在学习、健康等方面有特殊需要的情形。

从以上这些国家的规定可以看出，监外执行的适用范围主要集中在以下几个方面：一是针对患有严重疾病，从而将会影响和威胁到罪犯的身体或生命健康的情况。二是针对处于孕期或者哺乳期的女性罪犯。三是考虑了罪犯家庭成员的特殊情况等因素，对于罪犯家庭中有年老或年幼的亲属需要特殊照顾以及出现其他特殊情况时，则给予罪犯特殊的待遇。

总体而言，这些制度规定的适用范围都较为广泛，值得一提的是这些制度不仅仅考虑了罪犯的身体健康、精神以及妊娠等特殊情况，还对罪犯亲属在生活等其他方面的特殊情况进行了充分的考虑。同时，这些制度对适用范围的规定比较明确和具体，具有较强的操作性。相比较而言，我国暂予监外执行制度的适用范围只考虑了罪犯本身的特殊情况，并未将罪犯家属以及自然灾害造成的严重影响等特殊因素纳入其中。

二、监外执行审批主体一元化

在俄罗斯，法官是延期执行的决定主体，延期执行的决定权属于法院的

---

[1] 参见《世界各国刑事诉讼法》编辑委员会编译：《世界各国刑事诉讼法·欧洲卷（上）》，中国检察出版社2016年版，第501页。

法官。在法国，法院是半释放与监外执行的决定主体。在意大利，对推迟执行刑罚的决定由法院的法官作出，这一规定与俄罗斯的延期执行的决定主体相同，决定权都属于法院的法官。在日本，停止执行的决定权属于检察机关，这与其他国家规定的决定主体有较大差别。

从以上规定可以看出，虽然各国立法不尽相同，但不可否认的是各国对监外执行的审批权限的设置具有相似性。其决定权不管是属于法院的法官，还是属于检察机关的检察官，决定主体都只是某一个特定的机构，这是它们的共同特点。

三、监外执行期间不计入刑期

域外相似制度与我国暂予监外执行制度最大的不同在于，在监外执行的期间不能计入刑期，即在监外执行的时间不具有折抵性。如在德国，罪犯推迟或中断刑罚执行的时间不能计入刑期，俄罗斯等国也作出了类似的规定。

根据我国法律的规定，罪犯在暂予监外执行期间只要不违反相关规定，其执行期间将会计入刑期，即可以折抵刑期。其目的是促进罪犯在暂予监外执行期间能够认真地、积极主动地进行自我改造，让罪犯从思想认识上得到改变，防止和减少罪犯再次犯罪而危害社会，使其最终能够顺利地回归社会。

总体上讲，我国社区矫正的效果较为明显。10年来，社区服刑人员的再犯罪率一直控制在0.2%左右的较低水平。[1]笔者于2018年1月在C市S区进行调研，从与暂予监外执行人员面对面的交流中可以看出，这些罪犯比较珍惜社区矫正的机会。从他们内心来讲，还是比较感谢司法机关给予其特殊的待遇。其中一位暂予监外执行人员动情地说："从我自己来讲，真的很感谢政府给我这次改过自新的机会，让我能够在社区接受教育改造，这样既可以照顾我体弱多病的母亲，还可以和自己年幼的孩子在一起。我一定要珍惜这次机会，不让家人再次失望，我现在好好改造一天就相当于刑期减少了一天，我再也不干任何违法犯罪的事情了。"

可以看出，社区矫正人员已经认识到社区矫正是对他们的一种优待，将暂予监外执行期间计入刑期能调动罪犯自我改造的积极性和主动性，也有利

---

〔1〕 参见袁定波："健全社区矫正法律制度，完善中国特色刑罚执行制度——司法部召开健全社区矫正法律制度研讨会综述"，载《法制日报》2013年7月29日，第2版。

于罪犯最终能够顺利地回归到社会中。但同时，我们通过一些触目惊心的案例也可以看出，正是这种刑期可折抵的优越性，为一些有权或有钱人通过非法手段获得暂予监外执行留下了操作空间。因此，需要对暂予监外执行的申请审批、保外就医的鉴定等关键环节加强监督和管理。

第三节 域外相似制度对我国的借鉴意义

有学者曾建议把我国的暂予监外执行制度改为刑罚暂缓执行或中止执行制度。以此解决我国暂予监外执行制度实施中出现的司法腐败问题，[1]这一办法固然可以缓解通过非法手段获取暂予监外执行，从而逃避法律惩罚的问题。但笔者认为，暂予监外执行制度最大的价值就在于将罪犯在监外执行的时间计入服刑期间，这种制度设计的好处是可以消除刑罚执行的不确定性，进而使罪犯积极地进行自我改造。

刑罚除了惩罚犯罪行为外，更为重要的是通过刑罚的执行，对罪犯起到积极改造的作用，从而预防和减少其再次犯罪对社会造成伤害。我们不能因为司法实践中的一些问题就废除这一制度。每种制度没有绝对的好抑或绝对的坏，关键在于是否适合每个国家的具体情况。因此，应结合我国的实际，借鉴域外相似制度中好的做法，对我国暂予监外执行制度进行完善。

一、扩大暂予监外执行的适用范围

2012年《刑事诉讼法》第254条对暂予监外执行的适用范围进行了规定，主要包括身患严重疾病需要保外就医的、正处于孕期或哺乳期的女性罪犯、生活不能自理且适用暂予监外执行不致危害社会的罪犯。2012年《刑事诉讼法》把被判处无期徒刑处于孕期和哺乳期的妇女纳入适用范围，这是立法的一大进步。但从国外相似制度的适用范围来看，我国暂予监外执行的适用范围还显得相对狭窄，在体现人性化方面有进一步提升的空间。

因此，可借鉴国外的立法经验，适当地扩大我国暂予监外执行制度的适用范围，以提高刑罚执行的社会效果，更好地实现刑罚目的。具体而言，可以从以下几个方面进行考虑：

---

[1] 参见蔡国芹、赵增田："暂予监外执行制度的现实困境及其出路"，载《上海政法学院学报（法治论丛）》2011年第3期。

（一）适用范围不完全以刑种为标准进行限定

从国外相关制度的适用范围可以看出，无论是德国的推迟执行制度，还是日本的停止执行刑罚制度，都将所有的自由刑纳入适用范围，也就是说这些制度的适用范围并不是以刑种的标准来进行划分的。因此，其适用范围相对而言要大得多。

（二）疾病的范围进一步扩大

虽然我国在2014年12月1日起实施的《暂予监外执行规定》的附件中，对可以保外就医的疾病范围进行了修改，但仍然具有局限性。国外相关立法对疾病范围的规定比较宽泛。如德国的推迟执行制度规定，如果罪犯在监狱执行刑罚，而监狱的条件和设施又不能满足其治疗需要或者对罪犯生命造成威胁的，都可纳入适用范围。俄罗斯的延期执行制度规定，如果罪犯身患疾病而无法服刑的可以延期到罪犯康复。因此，我国暂予监外执行可以适当扩大保外就医疾病的涵盖范围。

（三）考虑罪犯家庭等方面的特殊情况

国外的相关规定相对而言要显得更加人性化，不仅考虑了罪犯本身的特殊情况，而且还将适用范围延伸到罪犯家庭的特殊情况。如俄罗斯在延期执行制度中规定，如果妇女在被判刑后，家中有不满14岁子女的，延期到子女满14岁之后再执行刑罚，而我国只规定在婴儿的哺乳期内可以适用暂予监外执行，没有考虑其家中是否有年幼子女的特殊情况。俄罗斯还规定如果是遇到自然灾害导致家中唯一的劳动力身患严重疾病或者死亡以及有其他较为严重的情况会对罪犯及其亲属造成严重威胁后果的，也同样适用延期执行制度。在日本，对于罪犯家中有祖父母和父母超过70岁或者身患严重疾病和残疾的以及家中有年幼的孩子没有其他亲属照顾的情况，都可以适用酌定停止执行自由刑。

这些制度充分考虑了罪犯以及罪犯家庭的特殊情况，充分体现了刑罚执行的人道性。我国暂予监外执行制度可以将罪犯家中无人照顾的老人以及未成年人出现无法自理等特殊情况纳入适用范围。

二、改变决定主体多元化模式

从域外的相关制度规定可以看出决定主体都是统一的一个机关，从而避免了多头决定带来的弊端。我国2012年《刑事诉讼法》第254条规定罪犯在交付执行前,由人民法院决定;在交付执行后,由刑罚执行机关决定。因此,决定主体具有明显的多元化特征,这种决定方式在实践中存在的弊端也较为明显,最大的问题就在于决定主体是在自己管辖的系统内部运行,缺乏外部的有效监督,而且没有赋予罪犯相应的申诉权。

因此,我国可以借鉴俄罗斯的做法,不管罪犯是处于交付之前还是交付之后,都应该集中统一行使暂予监外执行的决定权,从而解决多头决定带来的混乱和弊端。关于暂予监外执行的决定主体究竟该如何完善,将在第四章暂予监外执行的申请与决定程序中进行论述。

三、构建多元化的监督机制

美国联邦最高法院大法官路易斯·布兰代斯曾指出"阳光是最好的防腐剂"。让司法权真正在阳光下运行,从制度设计上就必须要加强对权力运行的有效监督,从而防止权力的滥用。在日本,还专门赋予检察官对刑事案件判决执行的指挥权,从而让判决和裁定的刑罚能够得到正确的执行。根据2014年俄罗斯联邦《刑事执行法典》第19条的规定,对刑罚执行机构和机关的活动,由联邦国家权力机关负责监督。第20条第1款规定:"在解决应该由法院审理的问题时或在依照俄罗斯联邦《刑事诉讼法》第397条(第1项和第18项所列情形除外)和第398条执行刑事判决时,法院对刑罚执行实行监督。"[1]第22条规定:"俄罗斯联邦总检察长及其下属检察长依照俄罗斯联邦《检察院法》的规定,对刑罚执行机构和机关遵守法律的情况进行监督。"[2]

2014年10月11日,最高人民法院院长周强在人民法院新闻发布例会制度五周年主题活动的讲话中提出:"要让司法权在阳光下运行。"[3]借鉴域外的相关制度,结合我国司法实际,应当建立和完善同步监督机制,采用多元化的监督手段加强检察监督。关于究竟如何构建多元化的监督体系,将在第六章暂予监外执行的监督制度中进行论述。

---

[1] 黄道秀译:《俄罗斯联邦刑事执行法典》,中国政法大学出版社2015年版,第17页。

[2] 黄道秀译:《俄罗斯联邦刑事执行法典》,中国政法大学出版社2015年版,第18页。

[3] 朱方芳:"人民法院新闻发布制度五周年:让司法权在阳光下运行",载http://www.chinanews.com/gn/2014/10-11/6667777.shtml。

第四章
暂予监外执行的申请与决定程序

暂予监外执行的申请与决定程序直接关系到罪犯是否可以适用暂予监外执行，因而与罪犯的切身利益紧密相关。暂予监外执行的申请与决定环节也比较容易滋生司法腐败。因此，应当对暂予监外执行的申请与决定程序进行规范。

第一节　我国暂予监外执行的适用范围与条件

根据我国《刑事诉讼法》的规定，罪犯必须要满足一定的法定条件，经过法定程序审批后，才能适用暂予监外执行。

一、暂予监外执行的适用范围

《刑事诉讼法》和《监狱法》关于暂予监外执行的对象的规定，经历了一个发展变化的过程。[1] 其规定的变化见下图：

1994年《监狱法》　　　　　　　　2012年《监狱法》

《监狱法》第25条规定：对于被判处无期徒刑、有期徒刑在监内服刑的罪犯，符合刑事诉讼法规定的监外执行条件的，可以暂予监外执行。		《监狱法》第25条规定：对于被判处无期徒刑、有期徒刑在监内服刑的罪犯，符合刑事诉讼法规定的监外执行条件的，可以暂予监外执行。

---

〔1〕 参见孙长永主编：《刑事诉讼法学》，法律出版社2012年版，第345页。

暂予监外执行制度研究

1979年《刑事诉讼法》	1996年《刑事诉讼法》	2012年《刑事诉讼法》
第157条 对于被判处无期徒刑、有效徒刑或者拘役的罪犯，有下列情形之一的，可以暂予监外执行：（一）有严重疾病需要保外就医的；（二）怀孕或者正在哺乳自己婴儿的妇女。对于监外执行的罪犯，可以由公安机关委托罪犯原居住地的公安派出所执行，基层组织或者原所在单位协助进行监督。	第214条 对于被判处有期徒刑或者拘役的罪犯，有下列情形之一的，可以暂予监外执行：（一）有严重疾病需要保外就医的；（二）怀孕或者正在哺乳自己婴儿的妇女。对于适用保外就医可能有社会危险性的罪犯，或者自伤自残的罪犯，不得保外就医。对于罪犯确有严重疾病，必须保外就医的，由省级人民政府指定的医院开具证明文件，依照法律规定的程序审批。发现被保外就医的罪犯不符合保外就医条件的，或者严重违反有关保外就医的规定的，应当及时收监。对于被判处有期徒刑，拘役，生活不能自理，适用暂予监外执行不致危害社会的罪犯，可以暂予监外执行。对于暂予监外执行的罪犯，由居住地公安机关执行，执行机关应当对其严格监督，基层组织或者罪犯的原所在单位协助进行监督。	第254条 对判处有期徒刑或者拘役的罪犯，有下列情形之一的，可以暂予监外执行：（一）有严重疾病需要保外就医的；（二）怀孕或者正在哺乳自己婴儿的妇女；（三）生活不能自理，适用暂予监外执行不致危害社会的。对被判处无期徒刑的罪犯，有前款第二项规定情形的，可以暂予监外执行。对适用保外就医可能有社会危险性的罪犯，或者自伤自残的罪犯，不得保外就医。对罪犯确有严重疾病，必须保外就医的，由省级人民政府指定的医院诊断并开具证明文件。在交付执行前，暂予监外执行由交付执行的人民法院决定；在交付执行后，暂予监外执行由监狱或者看守所提出书面意见，报省级以上监狱管理机关或者设区的市一级以上公安机关批准。

从《监狱法》规定的暂予监外执行制度的适用范围来看，1994年与2012年的规定保持了一致，没有发生变化，都是针对被判处无期徒刑和有期徒刑的罪犯。的在2012年《刑事诉讼法》修改之前，《刑事诉讼法》与《监狱法》规定的适用范围存在一定的立法冲突，修改后的《刑事诉讼法》增加了无期徒刑，同时又增加了限制性条件，这不仅解决了《刑事诉讼法》与《监

狱法》相冲突的问题，而且体现了保障服刑罪犯人权的理念以及人道主义精神。[1]为暂予监外执行制度的有效实施提供了统一的法律依据。

从《刑事诉讼法》关于暂予监外执行制度适用范围的规定可以看出，其经历了一个不断完善和发展的过程。尤其是在2012年《刑事诉讼法》中，扩大了暂予监外执行的适用范围，即将原来只限于被法院判处拘役、有期徒刑的罪犯，扩大到怀孕或正处于哺乳期的无期徒刑罪犯，但同时，也对被判处无期徒刑的罪犯适用暂予监外执行进行了限制，即只适用于怀孕或正在哺乳自己婴儿的妇女。虽然对无期徒刑的适用有所限制，但这已是立法的一大进步。

二、暂予监外执行的适用条件

暂予监外执行的适用条件可分为一般性条件、消极性条件和限制性条件。

（一）一般性条件

根据罪犯被判处的刑罚不同，暂予监外执行的一般性条件可以分为两种：第一种是被判处有期徒刑或拘役的罪犯；第二种是被判处无期徒刑的部分罪犯。具体的适用条件如下：

1. 罪犯身患严重疾病需要保外就医的适用条件。保外就医的适用条件是根据《暂予监外执行规定》的要求确定的，罪犯所患疾病必须符合《保外就医严重疾病范围》的要求。即罪犯适用保外就医的实质条件是"患有严重疾病"。对"严重疾病"的判断标准在《暂予监外执行规定》中规定为"久治不愈严重影响其身心健康的""短期内有死亡危险的""身体残疾、生活难以自理"等情形。

在保外就医申请的审核过程中需要按保外就医的条件进行审查，即一是罪犯确已身患严重疾病，二是罪犯所患的疾病无法在监内治疗，只能到监外接受治疗。同时，在审核保外就医的适用条件时，需要注意对于严重传染病进行保外就医的问题在法律的适用方面还有待商榷。在《保外就医严重疾病范围》中，对艾滋病病毒感染者和病人伴有需要住院治疗的机会性感染的罪犯可以保外就医。从现实情况看，那些成年艾滋病患者往往具有完全民事行为能力，理应对他们自身的犯罪行为承担责任。但成年艾滋病患者认为法律

---

[1] 参见孙长永主编：《刑事诉讼法学》，法律出版社2012年版，第346页。

通常对他们束手无策，有些罪犯还公然对抗执法人员。因此，对于那些既有民事行为能力并具有危害社会公共安全可能性的成年艾滋病患者，在适用保外就医时应慎重处理。

2. 怀孕或哺乳自己婴儿的妇女的适用条件。处于怀孕或哺乳期的情况主要是指在法院判决生效时或在交付执行过程中，女性罪犯正怀有身孕或还处于哺乳期。而且，这种情况还适用于被判处无期徒刑的女性罪犯。这充分考虑了女性罪犯以及婴幼儿的特殊情况，体现了对罪犯人权的保障。

3. 生活不能自理的适用条件。根据《暂予监外执行规定》第33条规定，生活不能自理是指罪犯因患病、身体残疾或者是年老体弱，导致日常生活行为不能独自完成，而是需要他人协助才能完成的情形，具体的判断标准按照《劳动能力鉴定——职工工伤与职业病致残等级分级》（GB/T16180-2006）的规定执行。即对具体的行为如进食、翻身、大小便、穿衣洗漱和自主行动中的三项符合规定要求以及经过半年以上治疗都不能恢复的，就可以认定为是生活不能自理的情况。而对65周岁以上的罪犯，上述五项日常生活行为，有一项需要他人协助才能完成即可视为生活不能自理。[1]对于那些缺乏基本的生活自理能力的罪犯来说，适用暂予监外执行一方面能够获得亲人的悉心照顾与关心，另一方面又可以使监狱的管理压力得到一定的缓解。

(二) 消极性条件

消极性条件是针对不得适用暂予监外执行的条件。[2]消极性条件主要包括以下几个方面：一是罪犯虽然患有某种严重疾病，但在短时间内不会发生生命危险；二是如果罪犯具有一定的社会危险性，即使出现了身患严重疾病或者生活不能自理的情况，也不得对其适用暂予监外执行；三是罪犯有自伤自残行为；四是不积极配合治疗。

一旦罪犯出现了以上四种情形之一，就不得适用暂予监外执行。这样的规定一方面是为了防止发生罪犯采用自残、拒绝治疗等手段，从而获取暂予监外执行的现象，另一方面是出于维护社会公共安全的考虑。如果对具有社会危险性的罪犯适用暂予监外执行，此类罪犯一旦放在开放的社区进行矫正，就可能再次犯罪或者对社会安全造成威胁。

---

〔1〕 参见《暂予监外执行规定》第33条。
〔2〕 参见孙长永主编：《刑事诉讼法学》，法律出版社2016年版，第400页。

（三）限制性条件

根据《暂予监外执行规定》，限制条件是指对特定类型的罪犯限制适用暂予监外执行。[1]限制条件主要包括以下几个方面：一是对"三类犯罪"要严格审批。对职务犯罪、金融类犯罪和黑社会类犯罪适用暂予监外执行要进行限制，必须从严审批。二是对严重犯罪和累犯要严格审批。对需要保外就医的累犯、犯有严重的暴力性犯罪的罪犯（如故意杀人、强奸、抢劫、绑架、放火、爆炸、投放危险物质等），适用暂予监外执行时，要根据原判刑期的执行情况进行决定，对减为有期徒刑后并执行 7 年以上，或被判处 10 年以上并已执行原判刑期 1/3 以上的才能适用。但对那些身患严重疾病而且在短期内有生命危险的罪犯，可以不受执行刑期的限制。这也充分体现了刑罚执行的人道性。三是对再次申请暂予监外执行的要严格审批。尤其是对因再次犯罪、被判处刑罚而申请适用暂予监外执行的情况，要进行严格限制。

在暂予监外执行的审批决定中，对以上三种情况要进行严格的审查和限制，凡是不符合特定条件的一般不应审批。

第二节　申请与审批程序规则

暂予监外执行的申请属于整个执行活动的启动程序，根据我国现行法律法规的规定，暂予监外执行是由监管部门依职权启动，即采用"职权主义"的启动模式。

一、暂予监外执行的申请程序规则

暂予监外执行的申请程序包括由谁向裁定或决定机关提出申请、申请的内容以及申请的具体程序等几个方面。

（一）申请主体

根据《暂予监外执行规定》《监狱暂予监外执行程序规定》《看守所留所执行刑罚罪犯管理办法》的相关规定，暂予监外执行的申请主体主要包括：

1. 被告人或辩护人。根据 2013 年 1 月 1 日实施的《关于实施刑事诉讼法若干问题的规定》第 33 条的规定，被告人及其辩护人有权向人民法院提出暂

---

〔1〕参见孙长永主编：《刑事诉讼法学》，法律出版社 2016 年版，第 400 页。

予监外执行的申请。[1]即只要罪犯符合暂予监外执行的法定条件，被告人或其辩护人可以成为申请的主体。

2. 法定代理人。由法定代理人申请暂予监外执行，主要是针对无诉讼行为能力的罪犯。根据2012年《刑事诉讼法》第106条第3款的规定，被代理人的父母、养父母、监护人都属于法定代理人，[2]法定代理人的法律地位相当于当事人，可以代为向审批或决定机关申请暂予监外执行。

3. 管教民警或看守所医生。根据2013年11月23日起实施的《看守所留所执行刑罚罪犯管理办法》第18条的规定，罪犯符合刑事诉讼法规定的暂予监外执行条件的，管教民警或看守所的医生也可以提出书面意见。之所以把管教民警或看守所的医生作为罪犯暂予监外执行的提请主体之一，是因为他们与罪犯接触较多，对罪犯的情况也较为熟悉。尤其是看守所的医生对关押在看守所的罪犯的身体情况有比较全面的了解，对罪犯的身体状况是否达到了暂予监外执行的标准也有比较专业和准确的判断。因此，把管教民警或看守所的医生作为罪犯暂予监外执行的提请主体之一，有利于出现身患严重疾病等特殊情况的罪犯得到及时有效的治疗以及得到亲属更好的照顾。

（二）申请内容

暂予监外执行的申请内容包括申请人向刑罚执行机关提交的暂予监外执行申请书和监区提出的暂予监外执行建议等应当提交的所有材料。

申请人向刑罚执行机关提交暂予监外执行申请书时，其内容主要包括以下几个方面：罪犯的基本情况，主要包括罪犯的姓名、出生年月和出生地等涉及个人的相关信息。申请的事实，主要包括罪犯的犯罪事实和被判处刑罚的情况。申请的理由，主要依据《刑事诉讼法》《暂予监外执行规定》等法律法规的相关规定，也就是罪犯的情况是否符合暂予监外执行的法定条件。罪犯出现了身患疾病、生活不能自理或者怀孕等不适宜继续在监狱或看守所执行刑罚的特殊情形，这是罪犯能否适用暂予监外执行的重要依据。申请主体需要在申请书中明确提出究竟符合何种条件，说明申请适用暂予监外执行

---

[1] 参见最高人民法院、最高人民检察院、公安部等《关于实施刑事诉讼法若干问题的规定》第33条。

[2] 参见2012年《刑事诉讼法》第106条，即2018年《刑事诉讼法》第108条。

的理由。

监狱或看守所提出暂予监外执行建议等应当报送的材料包括:《暂予监外执行审批表》;终审法院裁判文书、执行通知书、历次刑罚变更执行法律文书;《罪犯病情诊断书》、《罪犯妊娠检查书》及相关诊断、检查的医疗文书复印件,《罪犯生活不能自理鉴别书》及有关证明罪犯生活不能自理的治疗、护理和现场考察、询问笔录等材料;办公会议记录,主要包括对会议的参与人、会议形成的结果等的书面记载;《保证人资格审查表》、《暂予监外执行保证书》及相关材料。

(三) 申请程序

1. 申请人提出申请。由罪犯或法定代理人等符合条件的申请人向法院或刑罚执行机关提出暂予监外执行的申请。

2. 初审。监狱、看守所接到暂予监外执行申请后,召开所务会或监区长办公会议,对暂予监外执行的申请进行审核。初审同意后,按照法律规定的程序组织鉴定或者检查。

3. 组织病情诊断、检查和鉴别。根据《刑事诉讼法》265条和《监狱暂予监外执行程序规定》第7条规定,刑罚执行机关根据罪犯的不同情况,组织对罪犯进行病情诊断、检查或鉴别。对患有严重疾病或怀孕的,委托省级人民政府指定的医院进行诊断或妊娠检查;对因生活不能自理而提出申请的,由监狱罪犯生活不能自理鉴别小组进行鉴别。[1]同时,还要查阅罪犯健康档案及相关材料,询问护理人员及其同一监区两名以上罪犯,询问监狱主管人员并制作询问笔录。

此外,还要对罪犯进行现场考察,观察其日常生活行为,形成现场考察的书面材料。鉴别结束后,由鉴别小组对鉴别的情况出具意见,并填写《罪犯生活不能自理鉴别书》,经鉴别小组成员签名以后,报监狱长进行审核。

---

[1] 参见《监狱暂予监外执行程序规定》第7条。

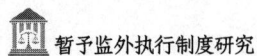

罪犯生活不能自理认定书

单位：

姓名		性别		民族		出生年月		
案由		刑种		原判刑期		附加刑		剩余刑期
家庭住址								
生活不能自理主要表现								
体检及辅助检查			（化验单及辅助检查单据附后）					
分析意见								
认定意见								
认定人	签名：		签名：		签名：	审核签字： （单位公章） 　年　月　日		

抄送：检察院驻监检察机关

4. 提出保证人和签订保证书。根据《监狱暂予监外执行程序规定》第11条规定，对于需要办理保外就医的罪犯，要向刑罚执行机关提出保证人，[1]这也是适用暂予监外执行的条件之一。刑罚执行部门依据《监狱暂予监外执行程序规定》第11条的规定，由刑罚执行机关对保证人的资格进行审查，并填写《保证人资格审查表》，保证人向监狱提交《暂予监外执行保证书》。同时，由刑罚执行机关告知保证人在罪犯暂予监外执行期间应当履行的保证义务和需要承担的责任。

5. 评审。刑罚执行机关认为罪犯需要暂予监外执行的，刑罚执行部门应当召开专题会议，对罪犯的病情、改造表现等法定条件进行集体评议并提出意见，经审核同意后，报送监狱刑罚执行部门审查。如果认为罪犯不符合暂予监外执行条件的，应当向申请人说明情况。

刑罚处（科）收到监区对罪犯提请暂予监外执行的材料后进行审查。审查内容包括提交的材料是否齐全、完备和规范，罪犯是否符合暂予监外执行的法定条件等方面。审查后，由处（科）室负责人在《暂予监外执行审批表》上签署意见，连同监区报送的材料一并提交监狱暂予监外执行评审委员会进行评审。[2]同时，邀请人民检察院派员列席评审会议。

6. 公示。暂予监外执行评审委员会评审后，如果同意适用暂予监外执行的，应当在刑罚执行场所内进行为期3天的公示，并对公示期间有异议的情况按照《监狱暂予监外执行程序规定》的要求进行处理。[3]

7. 审批。经过监狱长办公会议决定同意暂予监外执行的，由监狱长在《暂予监外执行审批表》上签署意见，加盖监狱公章，并将有关材料报送省、自治区、直辖市监狱管理局进行审批。[4]县级看守所决定暂予监外执行的，由设区的市一级以上公安机关审批。

二、暂予监外执行的决定程序规则

根据《刑事诉讼法》的规定，分别由人民法院、监狱管理局和公安机关对暂予监外执行进行决定。

---

[1] 参见《监狱暂予监外执行程序规定》第11条。
[2] 参见《监狱暂予监外执行程序规定》第14条。
[3] 参见《监狱暂予监外执行程序规定》第17条。
[4] 参见《监狱暂予监外执行程序规定》第19条。

（一）决定主体

我国暂予监外执行的审批主体与国外的审批主体有很大的不同。在国外，监外执行大多是由一个机构进行统一审批。而我国暂予监外执行的审批主体是根据罪犯执行的不同阶段而分为不同的司法机关。根据《刑事诉讼法》第265条规定，暂予监外执行的审批主体因罪犯交付执行的时间而不同。交付执行前，由人民法院决定；交付执行后，由省级以上监狱管理机关或设区的市一级以上公安机关批准。

（二）审批内容

决定或审批机关审批的内容包括材料的完整性、程序的合规性以及是否达到法定的条件等。审批所需的具体材料包括：《暂予监外执行审批表》，《暂予监外执行疾病伤残鉴定申请表》，《暂予监外执行疾病伤残鉴定表》，《年老多病、生活不能自理暂予监外执行罪犯现场考察表》，询问笔录、护理记录等材料，《罪犯重新犯罪评估预测报告》，《暂予监外执行保证书》，《暂予监外执行公示表》和《入监登记表》，罪犯刑事判决书、裁定书以及其他相关证明材料。

（三）决定程序

暂予监外执行的审批决定程序包括人民法院、监狱和公安机关三个方面：

1. 人民法院的决定。人民法院的决定具体分为两种情况：第一种情况是人民法院在审理案件的过程中，发现被告人出现符合暂予监外执行法定条件的情形，由人民法院直接作出暂予监外执行决定。人民法院的决定书如下所示：

四川省雷波县人民法院
暂 予 监 外 执 行 决 定 书

(2016) 川3437刑更6号

罪犯巫□□，男，彝族，生于1982年7月2日，身份证号码：51343719820702□□□，小学文化，村民，四川省雷波县人，捕前住四川省雷波县，现羁押于雷波县看守所。

本院(2016)川3437刑初74号刑事判决以贩卖毒品罪判处罪犯巫□□有期徒刑一年二个月，并处罚金人民币6000.00元。在交付执行前，雷波县看守所通报我院巫□□生活不能自理申请监外执行。本院依法进行了审查。

经查，罪犯巫□□于交付执行前突发脑梗塞，右侧颞叶至额顶叶脑梗塞致左侧肌体肌力0-1级，无法站立，经鉴别为生活完全不能自理。依照《中华人民共和国刑事诉讼法》第二百五十四条第一款第（三）项、第五款之规定，决定对罪犯巫□□暂予监外执行。

第二种情况是人民法院在判决时并未发现被告人具有符合暂予监外执行法定条件的情形，而是在法院裁判生效后，人民法院通知公安机关将罪犯交付刑罚执行机关，刑罚执行机关在对罪犯进行身体检查时，发现罪犯符合暂予监外执行的法定条件而需要暂予监外执行，因而暂不收监或者罪犯被拒绝入监的应暂不收监，并通知人民法院，由人民法院进行审查后作出决定。如河南省开封市一罪犯刘某某因犯受贿罪被判处有期徒刑4年。在交付执行时，罪犯刘某某患冠心病急性下后壁心肌梗塞，病情非常严重。因此，郑州监狱拒绝对其进行收监。2017年1月5日，开封市顺河回族区人民法院，决定对罪犯刘某某进行暂予监外执行，并向社会进行公示。[1]

2. 监狱管理机关批准暂予监外执行。监狱管理机关主要审批已经在监狱服刑的已决犯的暂予监外执行。根据2012年修改的《监狱法》第26条规定，由监狱提出书面意见，并将相关材料一并上报省、自治区、直辖市监狱管理机关批准。[2]因此，判决生效并交付执行后，对符合暂予监外执行条件的罪犯，根据《监狱法》和《暂予监外执行规定》等有关法律法规的规定，由罪犯服刑的监狱初审后，报省级以上监狱管理机关审查，认为符合暂予监外执行条件的，作出批准暂予监外执行的决定，同时，抄送同级人民检察院、原判人民法院和罪犯居住地县级司法行政机关社区矫正机构。决定书如下所示：

---

[1] 案例参见全国法院减刑假释暂予监外执行信息网公布的内容，载 http://jxjs.court.gov.cn/resources/zhuzhan/case/20170105/712829.html#lian.

[2] 参见《监狱法》第26条。

云南省监狱管理局

暂予监外执行决定书

(2017) 云狱暂字第 18 号

罪犯曹□□，性别男，1968 年 5 月 6 日出生，傣族，居住地□□□□□□□□□□□□□□□□□□□□□□□□□□□，因运输毒品罪经云南省高级人民法院于 2008 年 12 月 22 日判处无期徒刑，附加剥夺政治权利终身。减刑后，刑期自 2011 年 5 月 18 日起至 2028 年 9 月 17 日止，现在云南省保山监狱服刑，因□□□□□□□□□□□□□□□□□□□□□□□□□病，云南省保山监狱提请对其暂予监外执行。经审核，根据《刑事诉讼法》第二百五十四条、《监狱法》第二十五条和《暂予监外执行规定》第五条之规定，本局认为罪犯曹买洪符合暂予监外执行条件，批准其于 2017 年 1 月 26 日起暂予监外执行。

云南省监狱管理局
2017 年 1 月 26 日

公开方式：主动公开

发：云南省保山监狱

抄送：同级人民检察院、原判人民法院、罪犯居住地社区矫正机构

同时，由监狱警察将罪犯押送至县级司法行政机关，并与司法行政机关办理罪犯交接手续。《暂予监外执行罪犯报到证》及回执模板如下：

暂予监外执行罪犯报到证

（ ）浙监证字第   号

司法局：

＿＿＿＿罪犯，经浙江省监狱管理局批准暂予监外执行。现由监狱警察押送至贵局报到。请根据《中华人民共和国刑事诉讼法》、《社区矫正实施办法》、《浙江省社区矫正实施细则》（试行）和《浙江省罪犯暂予监外执行实施办法》相关规定，与我监民警办理交接手续，并依法对其落实社区矫正措施。

监狱（章）

年　月　日

回　执

监狱（所）：

你监（所）暂予监外执行罪犯_____，已于　年　月　日　时由监狱民警押送至我局报到。我们将依据《中华人民共和国刑事诉讼法》、《社区矫正实施办法》、《浙江省社区矫正实施细则》（试行）和《浙江省罪犯暂予监外执行实施办法》相关规定，依法对其执行社区矫正。

司法局（章）

年　月　日

3. 公安机关批准暂予监外执行。2020年9月1日实施的《公安机关办理刑事案件程序规定》第307条规定，看守所提出书面意见后，上报设区的市一级以上公安机关批准，同时将书面意见抄送同级人民检察院。[1]第308规定，公安机关作出决定后，将暂予监外执行决定书交社区矫正机构。[2]

第三节　暂予监外执行保证人制度

在我国，刑事保证活动主要发生在取保候审与保外就医环节。取保候审是一种强制性措施，在实施过程中一般采取提出保证人或者缴纳一定金额保证金的方式，用以保证刑事诉讼活动的顺利进行。而在暂予监外执行的保外就医过程中，《暂予监外执行规定》第10条规定，罪犯需要保外就医的，应当提出保证人。[3]保证人制度一方面是为了解决社区矫正机构的监管力度不足与运行成本增加的问题；另一方面，利用保证人与罪犯之间特殊的亲情关系，更好地对罪犯进行管束、教育和改造，也有利于保外就医罪犯得到更好的治疗。

一、保证人制度的内涵

"保证"在汉语词汇中的相近意思是担保，在中国古代并不存在"保证"

---

[1] 参见《公安机关办理刑事案件程序规定》第307条。

[2] 参见《公安机关办理刑事案件程序规定》第308条。

[3] 参见《暂予监外执行规定》第10条。

一词，它是社会发展的产物，到了现代"保证"一词才开始被广泛地运用。[1]在英文词汇中，"Guarantee"和"Surety"都包含着保证的意思，也有保证金或保证人的含义，前者经常用于民事领域，后者一般作为法律术语而使用。在我国，"保证"一词主要被使用在民事和刑事领域，只是两者的内涵有所不同，本书主要是指在刑事领域中的保证活动。

(一) 保证人制度的法律规定

1. 域外保证人的规定。英国是最早运用保释制度的国家，1976年，英国《保释法》对保释决定的作出、被告人和其他人的保释权的确定、保释的内容、范围以及被保释人应当承担的义务、保释申请人被拒绝保释申请时的权利救济等方面进行了全面的规定。[2]如《保释法》第8条规定，被保释人同时负有提出一个或多个保证人的义务，还应承担保证人资格的判断等义务。第9条为保证保证人有效地履行其保证义务，从而约束被保释人与担保人之间的行为。此外，英美法系中保释是犯罪嫌疑人、被告人拥有的权利，有"不附条件保释"和"附条件保释"这两种方式。[3]

英国立法对于保证人责任承担的问题，赋予了法院自由裁量权。在司法实践中，法院可能会减少保证人实际支付的数额。虽然保证人本身是无过错的，但是并非可解释为保证人将不会失去具结的保证金。[4]

俄罗斯联邦《刑事诉讼法》第94条对保证人的数量作出了规定，即必须是两人及以上。而且，人保是由值得信任的人出具书面保证。如果保证人未尽到保证责任，法院则有权对其处以最低工资1/3以下数额的罚款。除人保方式外，还可以由社会团体出具书面保证。[5]

在德国，法院在决定保释时，可以对被保释者附加提出保证人或缴纳保证金的条件。而且，对于保证金的额度或者担保种类的决定，由法官进行自由裁量。[6]但同时，德国保证人制度给保证人提供了充分的救济渠道。如审

---

[1] 参见顾云卿："担保与具结——中国古代证明文化漫谈之十二"，载《中国公证》2006年第1期。

[2] 参见徐静村、潘金贵："英国保释制度及其借鉴意义"，载《现代法学》2003年第6期。

[3] 参见徐静村、潘金贵："我国刑事强制措施制度改革的基本构想"，载《甘肃社会科学》2006年第2期。

[4] 参见齐树洁主编：《英国司法制度》，厦门大学出版社2005年版，第483~484页。

[5] 参见俄罗斯联邦《刑事诉讼法》第94条。

[6] 参见郎胜主编：《欧盟国家审前羁押与保释制度》，法律出版社2006年版，第124~125页。

判法官在裁定没收担保物前，要充分听取被保释人及其担保人的意见，如其对没收裁判不服的，有权提出即时抗告。[1]

2. 我国关于刑事保证人的规定。我国在《刑事诉讼法》第 69 条和第 70 条、《看守所留所执行刑罚罪犯管理办法》和《暂予监外执行规定》中对保证人制度作出了规定。如罪犯需要保外就医的应当提出保证人，并对保证人应当具备的条件进行了明确。保证人在担保期间，还要履行保证人义务，包括协助社区矫正机构对被保证人进行监督，向社区矫正机构报告，为被保证人提供疾病治疗和生活方面的照顾与帮助等。[2]

从我国法律法规对保证人的规定可以看出，立法者关注的焦点在于如何选择合适的保证人，即保证人必须达到的法定条件，保证人应该履行哪些义务。但遗憾的是这些规定中并未提及保证人应当承担何种法律责任。也正是立法上的疏漏，导致了保证人在监督被保证人以及为被保证人提供必要的帮助等方面的义务无法有效履行。因为没有建立责任追究机制，所以，保证人往往以无所谓的态度来对待保证义务。

（二）保证人制度的特点

1. 保证人可以由司法机关责令特定人员承担。保证人是由司法机关责令犯罪嫌疑人、被告人或罪犯提供的参与刑事诉讼的人。保证人产生的方式与其他诉讼参与人的产生方式有所不同。根据我国法律规定，在诉讼过程中产生的诉讼参与人包括诉讼代理人、辩护人、翻译人员和鉴定人等，这些人员在诉讼过程中都具有可替代性，司法机关不能对其进行强制性要求。比如辩护人大多数情况是基于当事人的聘请而产生。但是，保证人是由司法机关责令被保证人提出，具有责令性和强制性。

2. 保证人需要履行一定的义务。根据 2013 年 11 月 23 日施行的《看守所留所执行刑罚罪犯管理办法》第 21 条至第 24 条以及《暂予监外执行规定》第 10 条至第 12 条的规定，在保外就医中，保证人应当要履行相应的义务。如社区矫正机构需要保证人的协助，监督被保证人遵守法律法规的情况，除要如实报告被保证人的情况外，还要对被保证人提供治疗等方面的帮助。这些要求对于保证人而言，更多的是一种义务。

---

[1] 参见孙长永：《侦查程序与人权——比较法考察》，中国方正出版社 2000 年版，第 260 页。
[2] 参见《暂予监外执行规定》第 12 条。

3. 保证人担保属于人格担保。根据《暂予监外执行规定》等法律法规的规定，对于申请保外就医的罪犯要求其提供保证人，而没有采取缴纳保证金的担保方式。因此，在暂予监外执行制度中，保证人一般是采用人格担保的方式。之所以要采用人格担保的方式而不是缴纳保证金的方式，主要是因为暂予监外执行的罪犯大多数是在监外接受矫正，在这期间，需要得到亲人或朋友的照顾和必要的帮助。同时，还可以利用罪犯的亲人以及好友与其形成的特殊关系，使被保证人产生心理上的强制和压力，促使被保证人自觉遵守法律法规，认真履行法定义务，积极接受矫正教育和自我改造。

二、保证人的条件

根据我国 2012 年《刑事诉讼法》第 67 条和《暂予监外执行规定》第 11 条的规定，担任保证人一般要符合以下条件：

（一）保证人与案件没有牵连

保证人与案件没有牵连主要是指保证人与被保证人所涉的案件本身无牵连，而不是保证人与保证人之间正常的关系也被限制。根据法律规定，在保外就医中，罪犯的家属、监护人或者由其居住地的居民或村民委员会、其原所在单位或社区矫正机构所推荐的人在符合一定条件的前提下可以成为其保证人。

除此以外，国家司法工作人员因其行使侦查、检察、审判和监管职责，不宜担任保证人，如果国家工作人员担任保证人，就会形成双重角色。这样既不利于司法机关公平公正地办理案件，也不利于有效发挥保证人的作用。

（二）保证人必须具备完全民事行为能力

保证人要具备完全民事行为能力，主要是看保证人的年龄和履行保证人义务的能力。一般而言，保证人应当年满 18 周岁。根据我国法律的规定，要独立承担法律责任必须是完全行为能力人。因此，保证人还要对保证行为有正确的认识和判断能力，要能够独立的承担法律责任。

（三）保证人的人身自由不受任何限制

保证人首先要能够享有正常的政治权利。根据我国《宪法》规定，要享有政治权利必须是年满 18 周岁且未被依法剥夺政治权利的中华人民共和国公民。即保证人的人身自由没有受到任何限制，这就要求保证人没有因违法犯罪行为而受到任何处罚。因为一个受到强制措施的人是无法履行保证人义务的。因此，保证人既要享有政治权利，又要人身自由未受到任何限制。

（四）保证人有固定的收入和住所

根据法律规定，保证人要有固定的住所以及稳定的收入来源。之所以要对暂予监外执行的保证人提出上述要求，是由暂予监外执行罪犯的特点决定的。从前文的介绍可知，在暂予监外执行的罪犯中，保外就医的占了较大比例。这部分人往往需要在监外进行医治，这就需要有一定的经济条件作为保障和支撑。如果保证人没有稳定的收入，自己的温饱或生活都得不到妥善的解决，何以对被保证人提供必要的物质帮助？那几乎是不可能实现的事情。因此，保证人必须要具有一定的经济基础和稳定的收入来源。

同时，保证人还要有固定的住所，并且要和被保证人居住在同一个县市。如果保证人没有固定的住所，自己都处于漂泊不定的生活状态，那又怎么能对被保证人进行监督？这样既不便于司法行政机关通过保证人了解被保证人的情况，也无法达到保证人应有的监管效果。

三、保证人的权利与义务

根据《刑事诉讼法》的立法精神，在刑事诉讼中，保证人具有一定的权利，同时也需要履行一定的义务。

（一）保证人的权利

保证人的权利主要包括以下三个方面：

1. 知情权。保证人有权了解被保证人涉嫌的犯罪、被担保的犯罪嫌疑人的基本情况，刑罚执行机关有义务告知保证人在保证法律关系存续期间应尽的职责及相关责任。

2. 监督权。保证人与被保证人之间是一种保证与被保证的关系，作为保证人，有权要求被保证人必须遵守相关的法定义务。[1]这种监督对于被保证人而言是一种管束。保证人的监督权来源于《暂予监外执行规定》等法规的规定，这些规定为保证人对被保证人的监督提供了法律上的依据。

3. 申请撤保权。法律没有对保证人作出强制性的规定，即不能强迫符合条件的人担任保证人。因此，在保证人监管被保证人的过程中，当被保证人不配合甚至是处于对抗的状态，或者保证人因身体健康等特殊情况，而出现无法继续履行保证人义务的情形时，保证人应当拥有申请撤销继续担任保证

---

[1] 参见申君贵：《刑事诉讼理念与程序完善研究》，中国法制出版社2006年版，第135页。

人的权利。[1]

（二）保证人的义务

保证人的义务主要包括以下几个方面：

1. 签署保证书。2016 年 8 月 2 日司法部印发的《监狱暂予监外执行程序规定》第 11 条规定，保证人要签署书面的《暂予监外执行保证书》。[2]

罪犯保外就医担保书

姓名：_____，住_____省（自治区、直辖市）_____市（地区）_____县（市、区）_____乡（镇、街道）_____村（号），身份证号码：_____，在_____工作，我与罪犯_____是_____亲属关系。罪犯_____因患病（伤残），请求监狱批准保外就医。我具备管束和教育的能力，具有政治权利，人身自由未受到限制，有固定的住所，并有一定的经济条件，愿作为罪犯_____保外就医的保证人，严格履行管束和教育法定义务，帮助、督促他在保外就医期间，遵守法纪，接受当地社区矫正机构监督管理，接受群众监督；并从经济上提供条件，积极帮助、督促他治疗；如发现他有违法犯罪行为，我会及时予以制止，并立即向当地社区矫正机构报告。 　　保证人_____（签名盖章） 　　保证人联系电话： 　　　　年　月　日
县（市、区）司法局： 　　请对我监狱服刑罪犯保外就医保证人是否符合以下所列资格条件进行审查： 　　1. 与罪犯的亲属关系是否属实； 　　2. 具备管束和教育的能力； 　　3. 具有政治权利，人身自由未受到限制； 　　4. 有固定的住所，并有一定的经济条件。 　　（监狱章） 　　年　月　日
对保证人资格审查意见　　　　　　　县（市、区）司法局（公章） 　　　　　　　　　　　　　　　　　　　　年　月　日

注：此表一式两份。本表由保证人填写后，交罪犯居住地县级司法局审查确认后寄回监狱。

---

［1］ 参见丛书涵："浅析取保候审中的人保"，载《四川省公安管理干部学院学报》2000 年第 1 期。
［2］ 参见《监狱暂予监外执行程序规定》第 11 条。

2. 监督的义务。根据《看守所留所执行刑罚罪犯管理办法》第 24 条的规定，保证人要监督被保证人的行为，督促被保证人遵守相关法律的规定。[1]比如保证人要督促被保证人按照规定进行病情复查，并将复查报告和身体情况按照规定向司法行政机关进行报告。

3. 报告的义务。如果保证人发现被保证人可能发生或者已经发生违反了《刑事诉讼法》、《暂予监外执行规定》和《社区矫正实施办法》等法律法规的行为，或发现保外就医的罪犯在保外就医期间病情痊愈或严重恶化等，都应当将实际情况及时向司法行政机关进行报告。

4. 帮助的义务。对于保外就医的罪犯，在暂予监外执行期间，保证人要在治疗等方面为其提供必要的帮助。对生活不能自理的被保证人，要在生活起居等方面为其提供必要的照料和帮护。

第四节 人身危险性评估制度

人身危险性的概念最早产生于犯罪学的研究中。在实体法中，1979 年和 1997 年的《刑法》中均没有使用"人身危险性"这一术语，与此有紧密联系的是 1997 年《刑法》第 72 条规定"不致再危害社会的"可以对其宣告缓刑，以及第 81 条规定"不致再危害社会的，可以假释"。可见，立法原意是针对对社会有危险性的行为人，也就是说行为人具有侵害国家、社会和个人法益等刑法法益的现实危险性。在程序法中，2012 年我国《刑事诉讼法》第 65 条规定，对可能会判处有期徒刑以上刑罚且取保候审不致会发生社会危险性的被告人、犯罪嫌疑人，公检法三机关可对其取保候审。第 254 条规定，对申请保外就医的罪犯，只要其可能具有社会危险性或者伤害自身的，则不能保外就医。本书所指的人身危险性评估主要是对罪犯到社区进行矫正的前、中、后三个阶段进行危险性评估。

一、人身危险性的理论发展

刑事古典学派的变迁为人身危险性的孕育与发展提供了土壤和发展空间，其产生和演变经历了一个漫长而复杂的过程。

---

[1] 参见《看守所留所执行刑罚罪犯管理办法》第 24 条。

刑事古典学派极力限制对司法权的滥用，提倡罪刑相适应、刑罚人道主义及客观主义。依据刑事古典学派的主张，罪犯是理性的行为人，尽管他们的犯罪行为在表现形式上多种多样，但有一点却具有共通性，即犯罪是行为人在趋利避害的本性驱使下意志自由选择的结果。

因此，刑事古典学派在构建刑法基础理论时，只以犯罪行为为客观标准，不考虑行为人的具体情况。对犯罪人实施刑罚要与犯罪行为的社会危害性相适应，刑罚以对罪犯造成痛苦为内容，[1]从而保障刑事判决的公正性。

在资本主义经济从自由竞争逐渐向垄断发展的过程中，两极分化问题日益严重，各种社会问题和矛盾不断升级，各种犯罪现象也层出不穷。对于这种情况，刑事古典学派侧重分析立法及谨遵法律规则的有关理论的做法已难以适应和解决已经出现的各种社会矛盾。也就是在这样的背景下，近代刑事法学派应运而生。近代刑事法学派对犯罪人个体情况比较关注，也比较注重实证研究，反对意志自由。

人身危险性随着近代刑法理论的发展得到了关注。刑事人类学派的代表"犯罪学之父"龙勃罗梭是第一个研究人身危险性理论的学者。他提出了"天生犯罪人"的理论，认为因为遗传等因素，人类会产生某种犯罪倾向，这种犯罪倾向就是人身危险性。

但是，刑事社会学派的代表菲力认为，犯罪不仅仅包含人类学因素，还应该包括社会、自然等多种因素，其中，最为重要的是社会因素。他主张用社会责任取代道义责任，行为人的个人原因也是刑罚制定和实施的依据。因此，他引入了人身危险性的概念。[2]

由此，刑法学者开始将目光从犯罪行为转向不同的犯罪人。实证主义的刑法理论成为具有世界影响力的新派刑法思想。[3]李斯特是新派刑法思想的代表人物，他对人身危险性理论作出了经典的表述，即"应受刑罚惩罚的不是行为，而是行为人"。他认为个体实施犯罪行为是社会原因和个人原因共同导致的结果，而且社会原因具有更重要的地位，这就是著名的犯罪二元论。

当然，新事物的产生和发展都不是一帆风顺的，人身危险性理论也不例

---

[1] 参见张明楷：《刑法的基本立场》，中国法制出版社2002年版，第10页。

[2] 参见赵永红："人身危险性概念新论"，载《法律科学（西北政法学院学报）》2000年第4期。

[3] 参见张文等：《人格刑法导论》，法律出版社2005年版，第24页。

外，同样也面临诸多挑战。有学者指出："由于法西斯主义对人身危险性理论的歪曲，人身危险性理论成为侵犯人权的理论依据。在二战结束后的一段时间里，使得该理论一度陷入无人问津的境地。"[1]

目前，人身危险性理论得到了不断的完善与发展。在司法实践中，罪犯适用暂予监外执行时以及在罪犯刑满释放前，都要对其进行人身危险性评估。人身危险性评估在司法实践中发挥着越来越重要的作用。

二、人身危险性评估的基本原则

危险评估的基本价值是"标定危险"，即标定犯罪人的危险程度，为危险控制奠定科学的基础，为重返社会政策的实施和推行矫正项目提供保障。[2] 人身危险性的评估结果与罪犯是否可以适用暂予监外执行紧密相关，人身危险性评估具有一定的专业性。因此，司法行政机关在对罪犯进行人身危险性评估时应当遵循一定的原则。

（一）客观性原则

客观性是指在对罪犯的人身危险性进行评估的过程中，要防止对罪犯带有主观偏见，评估的过程和结果都要与罪犯的实际表现相符合。虽然罪犯在犯罪中表现出了人身危险性，但由于罪犯在司法机关接受教育改造以及受到家人的积极影响等多种因素，罪犯也会进行积极的自我革新，其人身危险性也会随之降低。

因此，在对罪犯进行人身危险性评估时，要克服对罪犯固有的印象，不要先入为主地认为罪犯的人身危险性是一成不变的，要客观公正地对罪犯现有的表现情况进行评价，这样才有利于鼓励罪犯进行积极的自我改造。同时，针对那些的确还存在较大人身危险性的罪犯要进行控制和管理，从而降低罪犯再次犯罪对社会带来风险和影响的可能性。

（二）科学性原则

对罪犯进行危险性评估是风险社会中宽严相济刑事政策的具体化表现，也是罪犯矫正和风险管理的客观要求。[3] 然而，单纯的感性判断表面上是附

---

[1] 周光权：《刑法学的向度》，中国政法大学出版社2004年版，第40页。
[2] 参见翟中东：《国际视域下的重新犯罪防治政策》，北京大学出版社2010年版，第122页。
[3] 参见文姬："再犯危险性评估方法及检验"，载《刑事法评论》2009年第2期。

和与支持人身危险性理论的肯定性学说,但是由于欠缺科学完善的评估程序,实质上却是混淆视听之说。[1]而对罪犯人身危险性的评估涉及罪犯的日常表现、心理以及认知等多个方面。因此,对罪犯进行人身危险性评估,必须要坚持科学性原则,而不能只依靠感性判断。只有对其科学性进行研究,才能对罪犯的人身危险程度进行客观、真实和全面的反映。对罪犯进行人身危险性评估的主要内容包括以下几个方面:

首先要设置科学合理的罪犯人身危险性评估考评体系。科学测量罪犯的认知、心理和行为,对危险程度的标准以及具体内容予以确定。在评价危险性大小、最终危险程度的过程中,要对刑期变化过程中的心理认知、行为进行分阶段的综合性评价,此过程包括其一贯表现、心理认知的变化情况。

其次,评估罪犯人身危险性的方法要科学,包括科学、全面的测评环境、手段、方法、内容和统计数据分析等。对罪犯人身危险性的评价,要紧紧围绕暴力、自杀、脱逃和出狱后再犯的危险性等方面进行。

最后,对罪犯人身危险性评估结果的运用要科学。科学的评估才能为决定机关在作出是否对罪犯适用暂予监外执行的决定时,提供可靠的参考依据。同时,也便于社区矫正机构根据罪犯的测评情况,有针对性地制定矫正方案,从矫正前就开始为罪犯的改造打下较好的基础。

(三) 变化性原则

唯物辩证主义认为,任何事物都是处于不断的发展变化的过程。人的思想也同样如此,都是在不断地发展变化。在评估罪犯的人身危险性的过程中要坚持运用这一观点,而不能用一锤定音的方式来进行评判。

因此,对罪犯人身危险性的评估,必须对其变化的情况进行分阶段的考察和评价,做到具体问题具体分析,综合全面地考察各种情况的变化。在测评中,不能简单地将其危险性大小与罪犯本身的素质高低直接挂钩。比如对于一个性格内向的罪犯来说,往往很容易在改造中被司法行政机关忽视,但说不定这类人的危险潜伏得较深。所以,对人身危险性的评价不能太简单化,要对一些细微的变化进行关注。

此外,对考察点的选择要合理。对罪犯的认识要从多个维度进行综合考虑。所以,对罪犯人身危险性的评估要运用动态思维,并且要从全过程出发,

---

[1] 参见陈伟:"认真对待人身危险性评估",载《比较法研究》2014年第5期。

而不是只将焦点集中在某一个时间节点上。否则，得出的评价结果就容易片面化。

三、人身危险性评估的内容与方法

人身危险性理论是矫正刑存在的根基。要将矫正刑纳入制度建设之中，必须注重两点：第一，对于罪犯，存在有效的矫正手段。第二，人身危险性可以评估。[1] 其评估的内容主要包括罪犯本身的情况和家庭情况等方面，评估的方法主要有统计法和临床法。

（一）人身危险性评估的内容

人身危险性评估的内容选择，对于评估的结果以及结果的运用都至关重要，人身危险性评估的内容主要包括以下几个方面：

1. 罪犯犯罪的基本情况。通过对罪犯的犯罪情况的了解，可以分析出罪犯犯罪的主要动因，是属于主观故意还是其他情况。从罪犯作案的手段、作案方式等方面可以看出罪犯危险性倾向的大小。一般而言，采用非常残忍的作案手段的人，其人身危险性相对而言要大一些。通过对罪犯犯罪的基本情况的了解，可以对罪犯的人身危险性从整体上进行了解和掌握。从而，大致推断罪犯是否会在改造中存在类似的可能性和倾向性。

2. 罪犯的个人简历情况。罪犯的个人基本情况，一般在《入监登记表》等材料中均有所体现，通过对罪犯的个人简历情况的了解，可以反映出罪犯的成长过程，是否存在不良习惯或者是否有前科，人生经历是否对其改造产生阻碍。

3. 罪犯的家庭成员和社会关系情况。通过对其家庭成员和社会关系进行了解，分析罪犯在改造的过程中，是否能够感受到来自家庭成员及亲属的谅解与支持，亲情关系是否能继续等，从而进行全面的评估。

4. 罪犯的改造表现情况。罪犯的改造情况包括认罪态度、改造决心、性格类型和影响心理等因素。对认罪态度与改造决心的分析将影响对其在积极改造型与顽抗到底型之间进行定性的问题。分析罪犯对判决的信服程度应从罪犯是否认罪服判等方面进行考虑。性格类型分析是由其在服刑期间的言谈举止、行为表现来判定的。对影响心理的分析主要是通过与罪犯进行谈话教育、外围情况收集等方式进行了解。从而，总结出影响改造的心理因素。

---

[1] 参见文姬：《人身危险性评估方法研究》，中国政法大学出版社2014年版，第16页。

5. 心理测试分析。心理测试分析是一项技术含量较高的专业性工作。心理测试分析是根据心理测试量表进行的，这是研究犯罪心理学的重要方法，也是矫正教育方案制定的根据。在对罪犯进行心理测试时，要严格遵守测试规则，得出测评报告后，剖析罪犯的人格因素，对结果的可信度进行分析判断，认为存在虚假信息的应重新测试。最后，综合心理测试的整体情况来判断罪犯是否存在"危险人格"。

（二）人身危险性评估的方法

人身危险性评估有两种不同的分类方法。一种是根据人身危险性评估的方法进行分类，具体可以分为临床评估（Clinical Assessment）、精算预测（Actuarial Assessment）、结构性专家评估（Structured Professional Judgment）、追溯性评估（Anamnesis Assessment）和研究指导的临床评估（Research Guided Clinical Judgment）。[1]另一种是按照人身危险性评估的内容进行分类，具体可以分为暴力风险评估工具、性暴力风险评估工具、一般罪犯风险评估工具和青少年风险评估工具。[2]

国外已形成了较成熟的量表对罪犯的人身危险性进行评估。我国上海、江苏和湖南等省市也运用了服刑人员出监后重新犯罪可能性预测量表，如《出监罪犯再犯罪风险评估简表》，NOSIMH 心理卫生自评表（SCL-90）等。

出监罪犯再犯罪风险评估简表

监狱监区编号：

姓名		性别		年龄		案由	
刑期		出监类别（刑满释放、假释、暂予监外执行或其他释放）					
评测题目		选项（在你认为与你本人最相符的选项后打"√"，只选一个答案）					
1、你本次被判处何种刑罚		B. 无期徒刑，死刑缓期2年执行（　） C. 10年以上有期徒刑（　） D. 3年~10年（含10年）有期徒刑（　） E. 3年（含3年）以下有期徒刑（　）					

---

[1] 参见文姬：《人身危险性评估方法研究》，中国政法大学出版社2014年版，第31页。
[2] 参见文姬：《人身危险性评估方法研究》，中国政法大学出版社2014年版，第27页。

续表

2、本次出监时年龄（此项仅指男性）	B. 56 岁以上（ ） C. 46 岁~55 岁（ ） D. 36 岁~45 岁（ ） E. 35 岁以下（ ）
3、本次犯罪的罪名或类型	B. 过失、渎职类犯罪；贪污、受贿等职务类犯罪（ ） C. 其他犯罪（ ） D. 诈骗罪（含金融类诈骗、合同类诈骗等）（ ） E. 涉黑类犯罪；聚众斗殴、寻衅滋事、故意伤害等暴力类犯罪；邪教类犯罪（ ） F. 抢劫罪、危安类犯罪（ ） G. 盗窃罪、涉毒类犯罪（ ）
4、你的服刑次数	B. 一次（ ） C. 二次（ ） E. 三次及以上（ ）
5、你是否有脱逃史	A. 没有（ ） C. 有一次（ ） E. 有二次及以上（ ）
6、14 岁以前，你是否有殴打欺凌他人、偷拿别人东西、经常逃学、上网成瘾、多次离家出走等行为	A. 没有（ ） B. 有其中的一种行为（ ） C. 有其中的两种行为（ ） E. 有其中的三种及以上行为（ ）
7、你在校读书期间遵守纪律的情况是	A. 能较好地遵守纪律（ ） B. 偶尔有违纪行为（ ） C. 经常有违纪行为（ ）
8、是否接受过未成年管教	A. 没有（ ） D. 接受过未成年管教（ ）
9、你本次入狱前家庭居住情况	A. 一直有固定居所（ ） C. 16 岁以后无固定居所或长期流浪（ ） E. 16 岁以前脱离家庭，或开始流浪生活（含 16 岁）（ ）
10、你有无文身	A. 没有（ ） C. 有（ ）
11、你目前的文化程度是	B. 专科及以上文化程度（ ） C. 高中或中专文化程度（ ） D. 初中文化（ ） E. 初中肄业或小学文化（ ） F. 小学肄业或文盲（ ）

续表

12、你本次犯罪前的性生活状况是	A. 没有性体验或有较为固定的性伴侣（　） B. 有较多的性伴侣，性关系混乱（　） C. 有重婚、嫖娼或卖淫等非法性关系经历（　） D. 有强奸、奸幼经历，或有同性恋倾向（　）
13、本次犯罪前是否赌博或酗酒	A. 没有（　） B. 偶尔赌博，或酗酒（　） C. 经常赌博，或酗酒（　）
14、你的父母是否健在	A. 父母均健在（　） B. 只有父或母一个健在（　） C. 父母健在但已离异（　） D. 父母都已经去世了（　）
15、本次服刑期间你同家人亲友的关系状况是	A. 与家人或亲属、朋友关系良好，经常有人会见、通信或寄汇款（　） B. 关系一般，改造期间偶尔有人会见、通信或电话联系（　） C. 关系较为紧张，但出狱后经过努力有可能改善（　） D. 关系非常紧张，长期无人看望，或与家人亲友长期失去联系（　）
16、你目前家庭的经济状况是	A. 家庭经济情况很好（　） B. 一般，还算过得去（　） C. 较为困难，家人希望自己出狱后会有所改善（　） E. 非常困难，自己正在为此苦恼（　）
17、你当前婚姻状况是	A. 未婚，或者已婚且夫妻感情较好（　） B. 离异，或丧偶（　） C. 已婚，但夫妻关系紧张；或另一方离家出走，长期失去联系（　）
18、本次入狱前你的就业情况是	A. 有很固定的工作（　） B. 有相对固定的工作（　） C. 经常变换工作（　） D. 长期失业，或无业（　）
19、你目前有无技术专长	A. 有多项技能专长（　） B. 有一项技能专长（　） C. 有技能专长，但发挥不了作用（　） D. 没有任何技能专长（　）
20、你本次入狱前社会交往状况是	A. 交往人员中，无人有违法犯罪经历（　） B. 交往人员中，个别人有违法犯罪经历（　） D. 交往人员中，很多人有违法犯罪经历（　）

续表

21、有无贩毒史、吸毒史	A. 没有（ ） C. 只贩毒不吸毒（ ） D. 有吸毒行为，未成瘾（ ） F. 有吸毒行为，已成瘾（ ）
22、你对本次服刑的认识态度	A. 通过服刑改造，提高了守法意识（ ） B. 自己的行为触犯了法律，应该受到惩戒（ ） C. 犯罪被抓是运气不好，轮到我倒霉（ ） D. 说不上什么认识，持无所谓的态度（ ）
23、你对未来生活的态度是	A. 充满信心和希望，持积极的态度（ ） B. 会遇到一些困难，但相信通过努力会好起来（ ） C. 社会太现实，出狱后会遭受冷眼和歧视，生存和发展困难（ ） E. 社会现状让自己感到绝望，出狱后没有人会关心帮助自己（ ）
24、你对自己本次犯罪原因的认识是	B. 主要是自己的原因（ ） C. 主要是家庭的原因（ ） D. 主要是他人的原因（ ） E. 主要是社会的原因（ ）
25、你本次服刑改造期间受到处罚情况	A. 没有受到过处罚（ ） B. 经常因违规违纪行为受到批评或扣分处理（ ） C. 曾因违规违纪行为受到警告、记过、严管等行政处罚（ ） E. 曾因脱逃、漏罪、狱内再犯罪等受到过刑事处罚（ ）
26、你对自己本次判刑的认识	A. 法院的判决是恰当的，我认罪服判（ ） C. 法院的判决偏重或有其它不恰当的地方，我是不服的（ ） E. 我这次判刑是被冤枉的，我不认罪也不服判，或要申诉控告（ ）
27、出狱后如何处理与狱友的关系	A. 不会来往（ ） B. 只是一般的交往（ ） D. 交往比较密切（ ）
28、总的来说，你花钱有没有计划	A. 有计划（ ） C. 随心所欲，没有计划（ ）
29、你本次出狱后就业打算	A. 有较为突出的技能专长，出狱后就业前景较好（ ） B. 已经有计划和打算，或因家庭经济宽裕、年龄等原因，无需就业（ ） E. 没有着落，心中十分迷茫，不知出去能干什么（ ）
30、你对当前社会的看法是	A. 公平正义（ ） B. 有一定的阴暗面，但总体是好的（ ） C. 有好的一面，但总体是黑暗的（ ） E. 很黑暗（ ）

| 31、你认为自己目前的精神或心理状况是 | A. 正常，能很快适应出狱后的生活（　）
 C. 不太正常，需要一定的帮助（　）
 E. 很不正常，难以适应出狱后的生活（　） |

《出监罪犯再犯罪风险评估简表》使用说明的具体内容包括以下几个方面：

1. 《出监罪犯再犯罪风险评估简表》目前设计为罪犯自评量表，量表共有31个项目，其计分解释为：每个项目后分别有大写字母A～G等数量不同的选项，相对应计算为0～6分，各选项得分累加即为最后总得分。

2. 量表评估一般在出监罪犯启动评估工作流程，进行出监心理测试时一并进行，组织评估的民警应提前对罪犯进行必要的教育，对答题要求和时间要求进行简要说明，然后采取集体或单独问卷形式进行检测。集体测评时不允许罪犯相互交谈、商议和相互观望。对文盲或半文盲罪犯，实行个别测试，由检测员根据问卷的内容对罪犯进行逐项提问，对罪犯的回答由检测员做好记录。

3. 《出监罪犯再犯罪风险评估简表》的得分意义是：得分值直接显示出监罪犯再犯罪可能性的大小，经大量实测检验和统计分析表明，量表得分分值的高低同罪犯的判刑次数呈显著的正相关关系。

4. 分数解释的方法：由于量表目前仍处于修订完善阶段，根据实测结果和统计分析情况，《出监罪犯再犯罪风险评估简表》的分值暂定为三个阶段：0～30分，31～50分，50分以上。总分为0～30分的，可评价为再犯罪可能性较小；总分为31～50分的，可评价为再犯罪可能性中等；总分为50分以上的，可评价为再犯罪可能性较大。

此外，利用大数据分析对罪犯人身危险性进行评估是一个新的发展方向。大数据分析是指对海量的数据进行分析，找出可以帮助决策的隐藏模式以及其他有用信息的过程。[1]2013年北京市公安局怀柔分局投入使用"犯罪预测时空定位信息管理系统"，通过大数据分析，准确预防犯罪的发生，取得了较好的预测效果。

借助大数据对犯罪的人身危险性进行评估，相对于传统的评估方式优势较为突出，大数据评估方法将会成为对罪犯进行人身危险性评估的新的发展方向。

---

〔1〕 参见李广建、化柏林："大数据分析与情报分析关系辨析"，载《中国图书馆学报》2014年第5期。

四、人身危险性评估的程序

目前，北京、上海、江苏等地开展了社区矫正人身危险性评估实践活动，比如北京市的社区矫正试点单位按照不同标准实施了分层分类的管理制度。而进行这种管理的根据就是矫正人员的人身危险性评估结果和罪犯是否会再次融入社会两方面的因素。将罪犯分成A、B、C三类进行管理。上海市将罪犯的人身危险性分为"稳定、重点关注和高危控制"三个等级。通过对社区矫正人员的人身危险性进行评估，为提高矫正水平提供了科学有效的依据。一个完整的罪犯人身危险性评估体系应包括入矫前、矫正中、解矫前和解矫后四个方面的评估。

（一）入矫前的人身危险性评估

人身危险性评估是暂予监外执行决定的重要参考依据。人身危险性评估是将社区矫正工作的重心前移，引入审判程序之后达到了社区矫正工作和审判工作的完美结合。[1]

入矫前，对罪犯人身危险性进行评估的目的就是要根据罪犯的不同情况，有针对性地制定矫正措施。评估工作一般是由基层司法所来负责具体实施。入矫前的人身危险性评估包括以下三个方面的内容：

1. 对矫正对象的基本情况进行评估。主要涉及个人信息、家庭基本信息、社会交往情况以及具体实施社区矫正的社区基础设施配置情况。此外，还要通过走访，了解罪犯与社区邻里的关系情况。

2. 对犯罪的情况进行评估。被矫正人实施犯罪时的具体表现是此阶段人身危险性评估的核心内容。犯罪的具体过程深层次地反映出犯罪人的心理，揭示其更为真实的人格。[2]因此，要对罪犯实施犯罪的具体情况进行掌握和了解，对犯罪的情况进行分析。

3. 对实施犯罪后的情况进行评估。对罪犯在实施犯罪后的情况进行了解，最后根据以上情况，对罪犯的人身危险性作出全面、客观的评估，并出具评估报告（见下表）。

---

〔1〕 参见吴艳华："审前社会调查与社区矫正的适用"，载《河南司法警官职业学院学报》2011年第2期。

〔2〕 参见屈耀伦："完善我国假释制度之建议——以社区矫正为视角"，载《上海政法学院学报》2006年第6期。

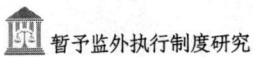

出监评估报告表

基本情况					
姓名		出生年月		文化程度	
籍贯		刑种			
刑期		余刑		入监时间	
出监测验结果					
人格测验	测试工具： 测试结果： 与入监时人格测试结果的差异：				
心理健康测验	测试工具： 测试结果：				
再犯罪风险测验	测试结果：				
综合评估意见及帮教建议					

评估时间： 年 月 日   评估民警：

（二）矫正中的人身危险性评估

社区矫正不仅能帮助被矫正人员顺利地回归社会，也能够在一定程度上消除他们再犯罪的隐患。有研究表明，针对高风险犯罪人的特定矫正措施不仅不能矫正低风险犯罪人，反而会增加低风险犯罪人的再犯几率。[1]因此，应当针对矫正中的被矫正人员的具体情况采取不同的矫正措施。这就要求对矫正中的被矫正人员的人身危险性评估不能只是一次性的，应建立以定期评估为主不定期评估为辅的人身危险性评估方式，以便矫正机构随时调整帮教措施。

矫正中的人身危险性评估的主要内容包括被矫正人员是否遵守管理规定、具体的悔罪表现、日常生活和工作状态、对目前矫正工作的看法、对于帮教状况的认知以及对自己日后生活的规划等方面。

同时，在评估时应结合入矫前司法行政机关提供的专业评估报告，针对不同的矫正主体分别制定人身危险性评估量表，从而使矫正中的评估具有针对性和可信度。

（三）解矫前的人身危险性评估

正如 Mark W. Lipsey 指出，判断矫正项目是否有效可以通过考察其是否有助于消除或减少行为人的人身危险性而得出结论。[2]而解矫前的人身危险性评估的主要目的是评判罪犯回归社会的可能性，为安置帮扶工作提供依据。

解矫前的人身危险性评估在内容的设计上应当比较广泛，除了包括其遵守法律法规的情况和不良嗜好的改正等方面外，应重点涉及被矫正人员对未来生活的规划以及重新回归社会的心理准备等方面。

此外，还需要对相关人员和组织提出共同帮教的建议，以免被矫正人员解矫后又重新犯罪而继续对社会造成危害。值得注意的是解矫前的人身危险性评估工作要把服刑人员的过去与现在结合起来看，同时应结合临床统计评估，全方位把握服刑人员的变化，才能作出公正和科学的评定。

（四）解矫后的追踪评估机制

为了达到矫正目标的有效性，有必要建立解矫后的后续追踪评估机制。

---

[1] See Edward J. L., Brian L., "The Role of Offender Risk Assessment: A Policy Maker Guide", *Victims& Offenders*, 2010, p. 99.

[2] See Mark W. Lipsey, David B. Wilson, Lynn Cothern, "Effective Intervention for Serious Juvenile Offenders", *NCJRS Photocopy Services*, 2000, p. 54.

虽然被矫正人员在矫正期间的人身危险性会降低,但是矫正后的评估对于矫正制度的完善有积极意义和重要的实践价值。解矫后的后续追踪评估并不是一般意义上的人身危险性评估,更准确地说是一种信息反馈机制。一方面是对实施矫正之后的效果进行反映,另一方面是对比解矫前后的状况,起到调整矫正方案的作用。

由于社区矫正之后的跟踪评估与矫正过程中的评估目的完全不同。因此,在评估表格的设计和评估方式的选择等方面都要进行差别化处理,适宜采用简化量表,防止被矫正人员有一种回归社会还被异化的感受。在内容的设计上应当要有针对性,尽量不要给被评估人员造成负面的心理暗示,避免评估对其造成不良影响。评估重点应关注现在的工作、学习和生活状态,不能再询问他们对之前的社区矫正的看法和观点,切忌还把他们当作被矫正对象看待。工作人员要善于利用时机引导民众的认知,让公众用平和的心态和眼光去接受和对待"社区矫正人员"。[1]只有这样,才能对解除社区矫正的人员作出符合实际的评估,从而建立全面客观的数据资源,为暂予监外执行制度的改革完善提供科学的数据支撑。

第五节 暂予监外执行公开制度

2014年,中央政法委发布了《关于严格规范减刑、假释、暂予监外执行切实防止司法腐败的意见》,2014年3月,最高人民法院为了贯彻落实指导意见,提出了"五个一律"的工作要求,从而使司法公开的主线贯穿于"减假暂"案件办理的全过程。2015年2月13日,全国法院减刑、假释、暂予监外执行信息网正式开通,要求各地法院将"减假暂"案件一律通过信息网公示。[2]暂予监外执行信息公开的目的是加强对执行情况的监督,打造阳光司法,预防和减少在暂予监外执行过程中发生司法腐败行为。

一、暂予监外执行公开的依据

为了推进和加强信息公开工作,我国先后出台了一系列规范性文件。司

---

[1] 参见张传伟:"我国监禁刑执行变更的程序控制研究",山东大学2014年博士学位论文。
[2] 参见陈伊昕:"全国法院减刑、假释、暂予监外执行信息网正式开通",载中国新闻网,http://www.chinanews.com/fz/2015/02-13/7063415.shtml。

法系统关于信息公开的最早规定是司法部在1999年发布的《关于监狱系统在执行刑罚过程中实行"两公开、一监督"的规定（试行）》。2001年又发布了《关于在监狱系统推行狱务公开的实施意见》等文件。最高人民法院分别在2009年、2010年和2013年，先后公布了《关于司法公开的六项规定》《关于人民法院在互联网公布裁判文书的规定》和《关于推进司法公开三大平台建设的若干意见》。

2012年8月18日，公安部出台了《公安机关执法公开规定》。2014年10月，"两院两部"和国家卫生计生委联合出台了《暂予监外执行规定》，其中对暂予监外执行的信息公开作出了明确规定。[1]2016年8月22日，司法部公布了《监狱暂予监外执行程序规定》，其中第17条规定了暂予监外执行必须实行信息公开。[2]

这些规范性文件从不同的角度，对司法实践中的信息公开提出了明确的要求。这些规定有的是从宏观层面出台的指导意见，有的是从微观层面制定的具有可操作性的规定。无论是直接对暂予监外执行的信息公开作出的规定，还是从整个司法系统提出的要求，都为暂予监外执行公开制度的完善提供了有力的依据。

二、暂予监外执行公开的范围

加强暂予监外执行的信息公开是打造阳光司法的重要举措，也是加强对暂予监外执行情况进行监督的重要途径。在暂予监外执行信息公开中，其公开范围的大小直接关系到信息公开的广度和深度。因此，应当明确暂予监外执行信息公开的范围。信息公开的范围应该包含应当公开的信息和不应当公开的信息。

（一）暂予监外执行应当公开的范围

在暂予监外执行的信息公开中，应当公开的范围包括以下几个方面：

1. 应当将罪犯适用暂予监外执行的条件以及程序向社会公开。罪犯适用暂予监外执行的前提就是看其是否符合暂予监外执行的法定条件，包括所判处的刑罚种类以及身体出现的特殊情况等法定条件。但对于大多数的社会公

---

[1] 参见《暂予监外执行规定》第13条。
[2] 参见《监狱暂予监外执行程序规定》第17条。

众而言，其并不知道罪犯适用暂予监外执行究竟需要哪些条件以及需要经过哪些程序。因此，也就无法对其进行有效的监督。将暂予监外执行的条件和程序进行公开，一方面可以让罪犯清楚自己是否符合申请暂予监外执行的条件，另外一方面也便于社会公众或者利害关系人，对暂予监外执行的决定是否符合法律的规定等进行监督。

2. 应当将罪犯的基本情况进行公开。在暂予监外执行的信息公开中，应当将罪犯的基本情况公开，包括所判处的刑罚种类、刑期和适用暂予监外执行的理由，即究竟是符合何种法定条件。此外，还要将罪犯的人身危险性评估结果进行公开，这是出于保障社会安全的需要，同时，也是罪犯所在的社区及其居民非常关注的内容，因为这与他们的日常生活以及安全紧密相关，如果罪犯具有一定的危险性，就势必会对社区居民造成一定影响甚至是威胁。所以，将罪犯的人身危险性评估结果进行公示，就显得非常重要。

3. 应当公开罪犯在社区接受矫正的情况。在人民法院或刑罚执行机关决定对罪犯适用暂予监外执行后，罪犯应当到社区矫正机构接受矫正教育改造。暂予监外执行是对刑罚执行的一种变更，罪犯在社区同样要执行刑罚。

在司法实践中，也曾有罪犯在社区矫正的过程中出现脱管或漏管的现象，其原因既有社区矫正机构的工作人员违法违规，也有监管不到位。因此，在暂予监外执行的信息公开中，应当公开罪犯在社区的矫正情况，包括罪犯遵规守纪、履行应尽的义务和提供病情复查报告等执行情况的相关信息。通过公开罪犯的病情情况，就可以知道其病情是否得到好转，暂予监外执行的情形是否消失，是否有因违反规定需要收监执行等情况。这样不仅可以加强对罪犯的社区矫正执行情况的监督，也可以对司法行政机关行使公权力的情况进行监督。

(二) 暂予监外执行不应当公开的范围

暂予监外执行信息公开并不是说要将其涉及的所有信息全部进行公开。暂予监外执行信息公开的范围的确定标准，可以参考《中华人民共和国政府信息公开条例》第14条的规定，[1]其不应当公开的范围包括以下几个方面：

1. 涉及国家秘密和商业秘密的信息不能公开。国家秘密涉及国家的整体

---

[1] 参见《中华人民共和国政府信息公开条例》第14条。

利益甚至是公共安全的稳定，商业秘密涉及商业利益等诸多方面。因此，在暂予监外执行案件中，凡是涉及国家秘密和商业秘密的都不得对外进行公开。

2. 涉及个人隐私的信息根据情况确定是否进行公开。在暂予监外执行案件中，出于对个人隐私权的保护，一般而言，涉及个人隐私的案件信息不应当进行公开。但是，在司法实践中要特别注意防止以保护隐私之名，而行逃避监督之实。在暂予监外执行中，罪犯若出现生活不能自理、怀孕或需要哺乳婴儿的情形就不应当以保护隐私为由而不公开；对于那些身患严重疾病的罪犯，除非是属于让人具有羞耻感的疾病可以不进行公开外，其他的都应当纳入公开的范围。因此，对涉及个人隐私的信息是否需要公开，不可一概而论，而是要根据不同情况进行区别对待。

3. 未成年人的信息不能公开。未成年人属于社会中的特殊人群，我国在各个方面都非常注重对未成年人的保护，也给予了这个群体更多的关怀。无论是在实体法，还是在程序法中，都体现了对未成年人的特殊保护。如我国《刑事诉讼法》第286条，就针对未成年人犯罪，特别设立了犯罪记录封存制度。[1]《社区矫正实施办法》第33条规定，对未成年社区矫正人员给予身份保护，其矫正宣告不公开进行。[2]

因此，出于对未成年人的保护，在暂予监外执行案件中，凡是涉及未成年人的信息应当一律不予公开。

三、暂予监外执行公开的方式

暂予监外执行信息公开主要有以下三种方式：

（一）通过网络方式进行公开

网络信息公开平台是暂予监外执行信息公开的重要途径。随着互联网技术的发展，利用互联网进行信息公开，为暂予监外执行信息公开提供了一种可能性。司法部在《2010年政府信息公开工作年度报告》中指出："要加大投入，强化网站建设，重点提高在线互动交流能力，让网站充分发挥信息公开第一平台的重要作用。"[3]可见，我国司法机关已经把网络作为信息公开的

---

[1] 参见《刑事诉讼法》第286条。
[2] 参见《社区矫正实施办法》第33条。
[3] 参见司法部："2010年政府信息公开工作年度报告"，载http://news.xinhuanet.com/politics/2011-04/07/c_121276085.htm.

重要途径。

2013年11月21日，最高人民法院发布《关于推进司法公开三大平台建设的若干意见》之后，全国地方法院的官方网站、官方微博等网络平台的建设迅速发展。据新浪2014年12月4日发布的全国首份《全国法院新浪微博运营报告》显示，截至2014年11月10日，全国法院微博总数为3636个，其中法院官方微博为3322个，90%的法院已开通官方微博，总粉丝数超过5000万；全国409个中级人民法院中已经有361个开通微博并通过认证；全国基层法院共计3177个，已开通微博的约为2850个，[1]从而形成了中央和地方共建信息平台的格局，为司法信息的公开提供了较好的平台。

2015年2月13日，全国法院减刑、假释、暂予监外执行信息网正式上线运行，为暂予监外执行的信息公开提供了信息发布平台。截止到2016年12月30日，全国共有29个省市在此平台上发布了暂予监外执行案件的立案公示材料和决定文书。

(二) 通过刑罚执行场所进行公开

在司法实践中，除通过网络平台对暂予监外执行情况进行公开外，还应当在刑罚执行场所进行公开。根据《暂予监外执行规定》第13条的规定，刑罚执行机关决定对罪犯提请暂予监外执行的，应当在监狱或看守所内进行公示。[2]《监狱暂予监外执行程序规定》第17条也规定，要通过刑罚执行场所的公示栏或宣传栏等方式进行信息公开。[3]在刑罚执行场所内进行公开，对于保障服刑人员的知情权和监督权具有重要的意义，因为罪犯们在同一个监禁场所服刑，大家相对比较熟悉，对彼此的情况也比较了解。因此，也便于相互监督。

法院和监狱系统都加强了信息公开的力度。但监狱系统的推进力度与法院相差甚远。暂予监外执行信息公开是狱务公开的重要内容。自2001年10月司法部决定推行狱务公开以来，全国监狱系统必须公开监狱执法的依据、过程和结果，主动、自觉地接受社会监督，收到了良好的社会效果。但是，随着经济发展和社会主义民主法治建设的不断推进，狱务公开整体的工作水

---

[1] 参见汪友海："微博直播庭审的困境与规制"，载《辽宁师范大学学报（社会科学版）》2016年第6期。

[2] 参见《暂予监外执行规定》第13条。

[3] 参见《监狱暂予监外执行程序规定》第17条。

平,尤其在公开的机制、内容、方式和方法等方面已不能满足人民群众的新期待和新要求,这些方面亟须完善。

同时,我们应当看到,如果仅仅只是在监狱、看守所这些封闭性的场所内对暂予监外执行的信息进行公开是远远不够的,因为外界对此无法知晓,也就无法对罪犯在监狱或看守所内的刑罚执行情况进行监督。

(三)通过居住地社区进行公开

暂予监外执行人员在社区矫正机构接受教育矫正的过程中,将会与社区的居民进行接触。如果被矫正人员具有一定的人身危险性或者在矫正过程中从事违法犯罪活动,势必对居民的正常生活造成一定的影响。所以,社区居民需要对被矫正人员的情况有比较充分和全面的了解。

根据《社区矫正实施办法》第35条的规定,司法行政机关应当将执法等相关情况进行公开,[1]这是满足社区居民知情权的需要。因此,可以通过社区公示栏等形式,对暂予监外执行的执法情况以及被矫正人员的矫正情况等信息进行公开。通过在社区进行公开的方式,使被矫正人员接受来自社区居民的监督,因为社区居民比较了解被矫正人员的情况。此外,还可以利用社区居民与被矫正人员之间形成的邻居或者熟人关系,促使被矫正人员自己积极主动地进行改造。

四、暂予监外执行公开的实践情况

暂予监外执行的信息公开包括立案公示、决定前公示和决定文书公布三个方面。

(一)立案公示的实施情况

立案公示是指人民法院、监狱机关、公安机关,收到罪犯提交的暂予监外执行申请后、经初步审查决定受理申请的,将申请的信息通过公告栏或信息公开网对外公示。[2]

通过对全国法院减刑、假释、暂予监外执行信息网所公布的信息统计结果来看,从2014年9月至2016年11月,法院受理暂予监外执行案件后进行

---

[1] 参见《社区矫正实施办法》第35条。
[2] 参见高一飞、冯晋流:"我国暂予监外执行信息公开的评估与建议",载《中国监狱学刊》2015年第5期。

立案公示的共1063起，占暂予监外执行案件总数的90%。截止到2016年11月30日，全国已有26个省、直辖市、自治区的人民法院在受理暂予监外执行案件后，在全国法院减刑、假释、暂予监外执行信息网上进行了立案公示（详见下表）。

暂予监外执行信息网上公开情况统计表

序号	省市	男	女	总人数	立案公示（起）	比例	决定文书公示（起）	比例
1	北京	29	9	38	37	97%	29	76%
2	天津		1	1	1	100%		
3	上海							
4	重庆	1		1				
5	河北	22	7	29	24	83%	20	69%
6	山西	31	5	36	34	94%	7	19%
7	辽宁	7	3	10	7	70%	6	60%
8	吉林	2	1	3	2	67%		
9	黑龙江	49	16	65	57	88%	20	31%
10	江苏	124	60	184	169	92%	71	39%
11	浙江	45	19	64	58	91%	24	38%
12	安徽	26	8	34	34	100%	12	35%
13	福建	29	17	46	46	100%	21	46%
14	江西	9	3	12				
15	河南	273	114	387	346	89%	109	28%
16	湖北	18	11	29	29	100%	11	38%
17	湖南	41	20	61	61	100%	19	31%
18	广东		1	1	1	100%		
19	海南							

续表

序号	省市	男	女	总人数	立案公示（起）	比例	决定文书公示（起）	比例
20	四川	24	13	37	37	100%	8	22%
21	贵州	11	9	20	12	60%	13	65%
22	云南	23	4	27	26	96%	8	30%
23	陕西	17	1	18	9	50%	4	22%
24	甘肃	5	3	8	6	75%		
25	广西	13	11	24	24	100%	9	38%
26	青海							
27	内蒙古		1	1	1	100%		
28	宁夏	19	10	29	29	100%	21	72%
29	西藏		3	3	3	100%	3	100%
30	新疆	7	2	9	8	89%	1	11%
31	山东	4	2	6	2	33%	2	33%
合计		829	354	1183	1063	90%	418	35%

从以上统计数据可以看出，我国从2014年在全国开展"减假暂"专项清理活动以来，全国大多数的省市都积极推进了暂予监外执行立案公示和决定文书的上网公开工作。在立案公示中各个省市的情况也不尽相同，上网公开数量较多的是河南、江苏和湖南。而有些省市立案公示的数量较少，如北京从2014年7月29日至2015年10月29日对暂予监外执行案件的立案公示数量只有7个，而且直到2017年1月都没有更新。这也反映出我国各省市对暂予监外执行信息网上公开的重视程度不一。

在司法实践中，对暂予监外执行案件进行立案公示的做法也不尽相同，具体可以归纳为以下两种类型：

第一种是详细公示型。如2019年6月14日，河南省开封市顺河回族区人民法院在网上公示了罪犯金某申请暂予监外执行的情况。将罪犯的姓名、住址、刑事判决的主要内容（罪名）以及申请暂予监外执行的理由等信息进行公布。同时,还公布了法院的电话、地址以及公示的期限等详细信息。

在立案公示中,将暂予监外执行案件的情况进行全面、详细和准确地公示,可以让社会公众更加方便快捷地了解到罪犯的基本情况、适用暂予监外执行的事由等信息,从而有利于加强对暂予监外执行情况的监督。上述法院的公示情况具体如下:

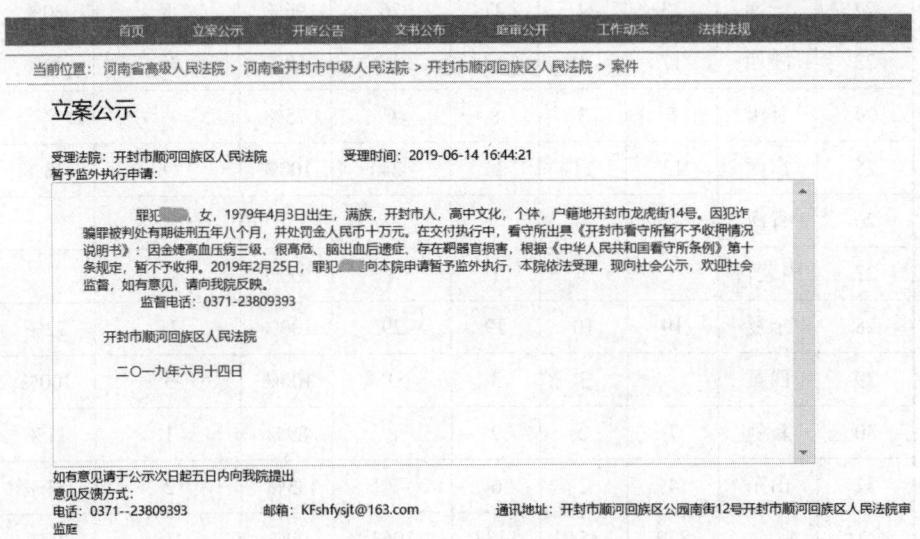

第二种是简单公示型。如 2016 年 9 月 12 日,黑龙江省牡丹江市东安区人民法院立案公示的内容为:"将罪犯邵某某向本院提交的暂予监外执行申请书向社会予以公布。"只用简单的一句话进行概括性的描述。2016 年 9 月 13 日,黑龙江省伊春市乌伊岭区人民法院公布了罪犯孙某某暂予监外执行的申请,但是在公示信息中没有关于罪犯的犯病情况等基本信息,也没有公布法院的地址、电话和邮箱。这种公示完全可以称之为形式上的公示,很难真正起到让社会公众对其进行监督的作用,其公示情况如下所示:

第四章 暂予监外执行的申请与决定程序

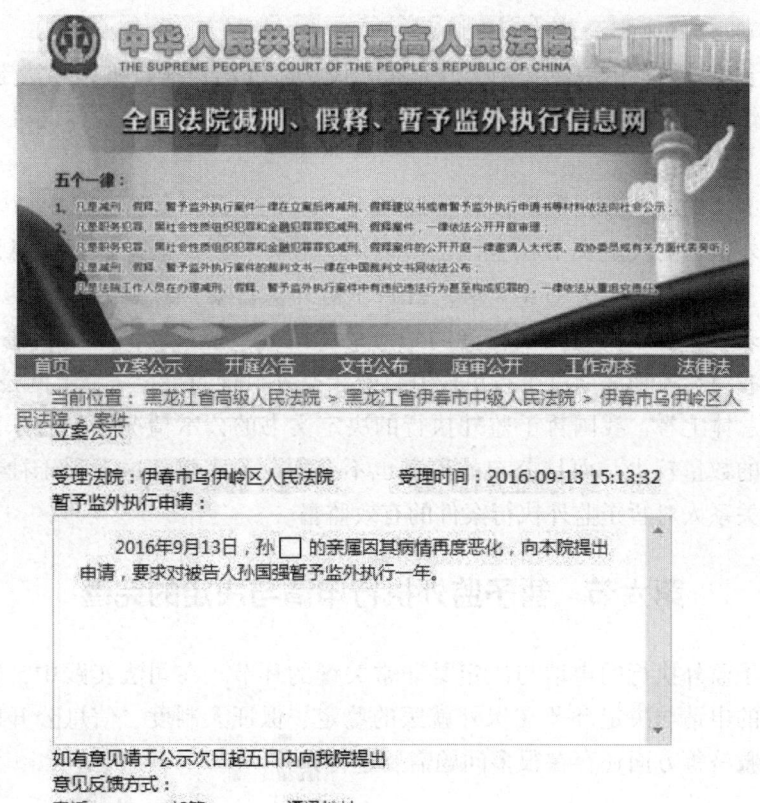

(二) 决定前公示的实施情况

决定前公示是指作出暂予监外执行的决定机关，经过法定程序审核后，在作出决定前，将暂予监外执行案件的决定事项通过网络等载体进行公示。决定前公示包括法院的裁前公示和监狱的提请公示。

目前，人民法院对暂予监外执行案件进行裁前公示的载体主要包括法院公告栏、法院官网、官方微信、官方微博、政务网以及媒体公告等。如2014年7月18日，河北省石家庄市桥西区人民法院，通过官网、微博和微信，发布了"关于拟对被告人郑某某暂予监外执行的公示"，是河北省法院系统暂予监外执行案件裁前公示的先例。[1]

---

[1] 参见蔡艳荣："石家庄桥西法院率先开展暂予监外执行裁前公示"，载 http://sjz.hebnews.cn/2014-07/22/content_4055166.htm。

（三）决定文书公示的实施情况

暂予监外执行的决定文书公开是指人民法院或刑罚执行机关经法定程序，对罪犯作出暂予监外执行的决定后，将决定文书通过网络等载体向社会进行公布。

从上文的统计数据来看，截至2016年11月30日，全国已有21个省市将暂予监外执行的决定文书在全国法院减刑、假释、暂予监外执行信息网上进行公布，共发布决定文书418份，占暂予监外执行案件总数的35%。从公布的数量来看，公布决定文书较多的是河南和江苏，公布较少的是新疆，但也还有上海、青海和海南三个省市没有将暂予监外执行的决定文书上网公布。

从总体上看，我国暂予监外执行的决定文书的公示情况还不容乐观，不仅公布的数量较少，而且公布的信息也不全面、不完整。这不利于社会公众和利害关系人对暂予监外执行案件的有效监督。

第六节　暂予监外执行申请与决定的完善

暂予监外执行的申请与决定是非常关键的环节。在司法实践中，暂予监外执行的申请与决定环节在保外就医的鉴定、保证人制度、信息公开以及罪犯权利救济等方面还存在很多问题需要进行完善。

一、暂予监外执行的决定权由法院统一行使

根据我国现行法律的规定，暂予监外执行的决定主体包括法院、省级以上监狱管理局和设区的市一级以上的公安机关，审批决定权的划分以交付执行为界限，交付之前由法院决定，交付执行后由监狱管理机关或公安机关决定。可见，都是在各自封闭的系统内进行审批和决定。正如陈瑞华教授所言，监外执行、保外就医，由于审批权高度集中在监狱主管部门手里，加上审批程序不具有公开性，透明度较差，所以容易出现权力滥用甚至腐败问题。[1] 因此，这种决定方式最大的问题在于决定主体都是在自己管辖的系统内部进行决定程序，缺乏有效的外部监督。

国外相似制度在这方面的立法值得我国借鉴。俄罗斯、意大利和法国都

---

[1] 参见陈宝成："防止公权力的滥用是刑诉法修改的首要使命——专访北京大学法学院教授、刑诉法学者陈瑞华"，载《南方都市报》2011年9月8日。

是由法院的法官作出决定。可见，这些国家对监外执行的审批主体的规定具有一元化特征，避免了多元决定可能导致的混乱，也可有效遏制自审自批出现的暗箱操作的情况。

因此，要克服现行多元决定主体带来的弊端，解决在决定环节出现的问题，就要改变我国暂予监外执行决定主体多元化的状态，实现决定主体的一元化。正如孟德斯鸠所言："如果司法权不同立法权和行政权分立，自由也就不存在了。"[1]孟德斯鸠还认为，以对事物的判断为核心的司法权只能由法院来行使。人民法院作为一个中立且具有审判职能的司法机关，由其对罪犯作出是否适用暂予监外执行的决定相对客观和公正。

从权力性质来讲，监狱管理机关、公安机关属于行政机关，由于执行机关和审判机关职能分工的不同，裁判权只能由人民法院行使。因为人民法院依照法律规定独立行使审判权，是唯一有权对罪犯作出审判的司法机关。因此，将暂予监外执行的决定权交由人民法院统一行使具有合法性和正当性。在我国司法实践中，监狱和监狱管理部门、看守所与公安机关之间，都存在着行政隶属关系，这种系统内部自审自批的做法难以保证暂予监外执行的公正性。[2]裁判权归属法院可以理顺监督与被监督关系，强化法律监督的效果。暂予监外执行的决定权统一由人民法院行使，能有效避免执行机关自审自批的弊端和外部监督制约乏力的问题。

二、完善保证人制度

提供保证人是罪犯适用暂予监外执行的条件之一，但现行的保证人制度还存在一些问题，需要进行完善。

（一）完善保证人的条件

暂予监外执行保证人的条件主要体现在《刑事诉讼法》第69条和《暂予监外执行规定》第11条，应在此规定的基础上，从以下几个方面进行完善：

1. 品质和道德要求。保证人品质的好坏直接关系到保证人能否按照要求履行保证义务。一个道德败坏，缺乏基本修养的人是很难对被保证人起到监

---

[1] 参见[法]孟德斯鸠：《论法的精神（上册）》，张雁深译，商务印书馆2002年版，第156页。

[2] 参见冯建晓、王建伟："暂予监外执行批准权应统一由法院行使"，载《人民法院报》2008年4月30日，第7版。

管、督促作用。如果让这样的人担任保证人是无法履行保证人义务的，也不利于对被保证人的矫正改造，甚至会起到反作用。

因此，保证人必须要品行端正，具备一个合格公民的基本素养。具体应达到以下要求或标准：一是保证人应当具有良好的个人信誉。诚信是一个人重要的品质，也是做人的基本要求。从理论上讲，如果一个没有诚信的人来担任保证人，要想通过他来督促被保证人按照法律的要求进行积极改造是难以实现的。二是道德要求。要对保证人的日常行为进行综合考察，比如保证人是否有不良的恶习，在当地是否有不良的影响等，那些地痞流氓或者把法律法规视为儿戏的人是无法担负起保证人责任的。通过对保证人的品质条件作出要求，增加保证人的可靠程度。

2. 拥有健康的身体和心理。保证人的身体状态要达到能正常履行保证人义务的水平，如果保证人自身行动不便（如残疾人）或者生活不能自理，则很难履行好保证人应尽的义务，更不要说对被保证人进行照顾和为其提供必要的帮助。另外，有精神障碍和心理健康问题的人也不适宜担任保证人。

3. 保证人与被保证人的关系应较为亲密，只有这样才能更好地督促被保证人进行积极改造，对被保证人起到一定的约束和监管作用。

(二) 增加保证人的范围及数量

1. 适当扩大保证人的范围。暂予监外执行的有关规定将保证人界定为具有完全民事行为能力的人，其规定的适用范围较窄，不能完全满足司法实践的需要。因此，可以将保证人的适用范围扩大，将符合特定条件的法人、单位和社会团体纳入暂予监外执行保证人的范围。

2. 增加保证人的数量。根据司法实践来看，按照《刑事诉讼法》的要求，由一名符合保证人条件的人来担当保证人，并不能有效履行保证义务。因此，可以适当增加保证人的数量，在现行规定的基础上再增加一个保证人，形成双保证人制度。从而加强对被保证人的监督、帮助等。

(三) 建立和完善保证人退保程序

保证人具有申请不再继续担任保证人的权利，但法律未对退保程序作出明确规定，在司法实践中具有随意性。因此，应当对保证人的退保程序进行完善。

1. 明确申请退保的条件。保证人向原决定机关提出书面退保申请，报告其在担任保证人期间的职责履行情况，并将被保证人交付社区矫正机构或者原决定机关。

2. 审查。原决定机关对保证人提交的退保申请和相关材料进行审查，包括保证人是否将被保证人带到司法机关，保证人是否履行了法定的保证义务。

3. 作出决定。经审查，由于保证人出现了不适宜继续担任保证人的情形，如保证人的身体健康出现问题等，作出同意退保的决定。

（四）明确保证人的法律责任

在我国现行的法律法规中，未对暂予监外执行的保证人的法律责任作出明确规定。由于对保证人没有形成法律上的约束，其责任心以及对被保证人的监督效果也将会大打折扣，被矫正人员也容易逃避监管。只有明确了保证人的法律责任，才能促使保证人认真履行保证人义务，也为追究其法律责任提供明确的依据。因此，应当建立和完善保证人责任追究机制，使保证人制度发挥应有的作用。

英国在建立和完善保证人责任追究机制方面的做法值得借鉴，在英国，如果嫌疑人在保释期间逃跑，将没收嫌疑人或其保证人提供的担保财产。[1]即保证人对其负有监管责任，并且要承担相应的法律责任。因此，建议在《刑事诉讼法》和《暂予监外执行规定》等法律法规的修改中，专门规定保证人的法律责任。具体包括以下两个方面：

1. 司法处分责任。这里指的司法处分就是对保证人处以一定数额的罚款。根据我国《关于取保候审若干问题的规定》，如果被取保候审人违反1996年《刑事诉讼法》第56条的规定，保证人未能及时报告的，则对保证人处以1000元以上20 000元以下的罚款。[2]即通过对保证人罚款的方式追究其责任。罚款是一种财产责任，它与罚金的性质不同。罚金是指人民法院判处犯罪分子应当向国家缴纳一定数额金钱的刑罚方法，是一种刑事责任。[3]因此，可以借鉴取保候审对保证人的规定，对没有履行保证人义务的保证人，可以处以一定数额的罚款，具体的额度可由司法行政机关根据当地的经济发展水平等实际情况进行确定。

2. 刑事责任。保证人的保证行为一般不会直接导致承担刑事责任的后果

---

〔1〕 参见孙长永：《侦查程序与人权——比较法考察》，中国方正出版社2000年版，第255页。

〔2〕 参见《关于取保候审若干问题的规定》第16条。

〔3〕 参见高铭暄、马克昌：《刑法学》，北京大学出版社2000年版，第249页。

产生。在我国刑法中，虽然没有明确规定保证人哪些行为构成了犯罪以及究竟要追究何种责任，但如果出现由于保证人的过失而发生严重后果的情形时，就应当承担相应的刑事责任。比如暂予监外执行的保证人，为被保证人顺利离开居住地，甚至是为其逃匿提供各种帮助的，或明知被保证人的藏匿地点，但拒绝向司法机关提供所知情形，造成被保证人脱管或无法收监执行的，应当根据情节严重程度追究保证人相应的刑事责任。

三、完善保外就医程序规则

保外就医是暂予监外执行制度中非常重要的内容。近年来，非法保外就医的现象非常突出，严重影响了司法公正和司法权威。而司法腐败行为往往就发生在保外就医的鉴定环节，针对保外就医中存在的突出问题，应当从以下几个方面加以完善：

（一）完善保外就医的审批规则

1. 明确审批期限。保外就医的审批期限可以根据病情的缓急程度，分为普通程序和特别程序。在普通程序中，根据司法部2016年8月22日印发的《监狱暂予监外执行程序规定》，监狱管理局应当自收到监狱提请暂予监外执行材料之日起15个工作日内作出决定。批准暂予监外执行的，应将《暂予监外执行决定书》在5个工作日内送达监狱，同时抄送同级人民检察院、原判人民法院和罪犯居住地县级司法行政机关、社区矫正机构。不予批准暂予监外执行的，应当在5个工作日内将《不予批准暂予监外执行决定书》送达监狱。

但针对罪犯病情严重的情况，应采用特别程序。即对于病情严重需要立即保外就医的，省、自治区、直辖市监狱管理局收到监狱报送的提请暂予监外执行材料后，应当立即由刑罚执行部门、生活卫生部门审查，经分管副局长审核后报局长决定，并在罪犯保外就医后3日内召开暂予监外执行评审委员会予以确认。

2. 增加征求被害人意见环节。在保外就医的审批决定环节，应当有被害人的参与，这既是对被害人的一种充分尊重。同时，也可以起到对决定机关以及罪犯的监督作用。因此，可在《罪犯保外就医审批表》中增加"被害人意见"一栏，充分听取被害人的意见，为决定机关在作出决策时提供参考。

（二）完善保外就医鉴定规则

在司法实践中，很多触目惊心的非法保外就医案件往往是在鉴定环节出问题。因此，必须对保外就医的鉴定进行规范。

在暂予监外执行中，如果出现罪犯有严重疾病需要保外就医而不能被保外就医，或是虽有疾病但不需保外就医而又批准保外就医以及在鉴定过程中标准不一等现象，无疑会造成事实上的不公平。所以，应当在保外就医的鉴定中实施"阳光鉴定"，避免"暗箱操作"，从而进一步提高保外就医鉴定工作的公信力和权威性，减少在保外就医鉴定中的司法腐败现象。因此，需要从以下几个方面对该制度加以规制：

1. 将保外就医纳入我国司法鉴定的管理范围。关于鉴定机构的归属，有学者认为应纳入国家鉴定体系；[1]也有学者建议设立在司法部之下，但鉴定机构不应与刑罚执行机关有直属关系。[2]笔者认为，可以借鉴《全国人民代表大会常务委员会关于司法鉴定管理问题的决定》和《司法鉴定程序通则》的规定，将保外就医的鉴定纳入司法鉴定的管理范围，从而完善保外就医的鉴定工作体系。同时，将法医审查列为保外鉴定的必要程序。

2. 明确保外就医鉴定人的资质条件。保外就医的鉴定与其他的鉴定有所不同，是专业性要求非常高的一种鉴定。"法律学必须果断地把属于科学支配的领域让给科学去承担，不应当在规范科学的名义下侵犯已经明确了的自然科学的领域。"[3]针对专业性强的保外就医鉴定工作，就需要对保外就医鉴定人的资质条件提出更高的要求。保外就医鉴定人的资质条件应当包括法律资格条件、专业技术条件和职业道德条件。

鉴定人必须是具备完全民事行为能力的自然人；鉴定人的专业技术条件，应包括职称、学历以及保外就医的鉴定能力条件等，至少要具备副高以上职称的人才能从事鉴定工作；鉴定人必须具备良好的职业道德和职业操守。保外就医关系到罪犯的切身利益，鉴定人要站在公正、公平和中立的立场，以专业、严谨、认真和负责任的态度来对待每一个鉴定，既用专业的技术鉴定，也用自己的良心鉴定。这就是对一个鉴定人基本的道德要求。

3. 建立和完善保外就医鉴定人的准入程序。保外就医鉴定结论的正确与否与鉴定人的水平等因素相关。因此，如何产生鉴定人显得较为重要。因此，

---

[1] 参见吕凌等："保外就医工作中法医应起技术支持作用"，载《法医学杂志》2012年第4期。

[2] 参见陈智等："昆明地区保外就医现状及对策"，载《云南大学学报》2005年第2期。

[3] ［日］上野正吉：《刑事鉴定的理论和实践——以情况鉴定的科学化为目标》，徐益初、肖贤富译，群众出版社1986年版，第4页。

要设置保外就医鉴定人的准入程序。具体来讲,保外就医鉴定人的准入程序应当包括自愿申请、组织审核、专业考核和审批等环节,最后由司法行政管理部门颁发执业资格证书。只有取得执业资格证书的人才能从事保外就医的鉴定工作,从而提高鉴定的专业化水平。

同时,还可以在全国范围内建立鉴定医生数据库。[1]成立保外就医鉴定人数据库的目的是供司法机关随机选择,采用临时随机抽取鉴定人的方式,防止罪犯通过找关系、打招呼等手段影响鉴定人的鉴定。从而,预防和减少在鉴定环节发生司法腐败现象。

(三) 建立和完善鉴定人责任追究制度

美国法官马歇尔说过:"很难想象,在一个权利与义务互相对等的社会中,会容许有这样一种特权,即能够在对他人造成损害后而不受惩罚。"[2]长期以来,鉴定报告大都是以单位名义出具,责任承担也大多是以机构为主,无法对鉴定人本身追究法律责任。虽然我国《刑法》第305条规定,在刑事诉讼中,鉴定人故意作虚假鉴定,应负伪证罪的责任。但缺乏相配套的实施细则,在实践中很难得到执行。[3]

明确的法律责任是约束人们行为最有效的工具。因此,在保外就医的鉴定中,应当把责任落实到具体的个体身上,才能杜绝或减少在鉴定中弄虚作假现象的出现。对于在保外就医鉴定过程中,鉴定人采取违规手段鉴定或者提供虚假鉴定报告和结论的,一经查实,除取消鉴定人执业资格证书外,对于造成严重后果和较大社会影响的,还应当追究其相应的法律责任。也就是说,要把责任追究机制这把无形之剑随时悬在鉴定人的头上,对鉴定人形成一定的威慑力,使鉴定人不敢作假和不愿作假。从而,确保鉴定结论的真实性和可靠性。

四、完善暂予监外执行信息公开机制

暂予监外执行信息公开是打造阳光司法,促进司法公正的重要手段。完

---

〔1〕参见蔡文霞:"论虚假保外就医鉴定中的鉴定人法律责任——以'林崇中、刘益民违法保外就医案'为视角",载《中国司法鉴定》2012年第5期。

〔2〕Marshall. J, *Briscoe v. LaHue.* 460, U.S. 325, p. 353.

〔3〕参见樊崇义主编:《刑事诉讼法实施问题与对策研究》,中国人民公安大学出版社2001年版,第254页。

善暂予监外执行信息公开机制，应在原来的基础上，采用信息化的手段，使执行过程全程留痕，实现执法流程信息化，加强和推进执法信息公开化建设。

执法信息公开化是促进司法公正的重要手段。如果说法律对无限行使权力的做法设置了障碍，并试图维持一定的社会均衡，在许多方面我们都必须把法律视为社会生活中的一种限制力量。[1]那么信息公开则是公民对公权力运行进行监督、防止权力滥用、滋生腐败的利剑。最高人民法院院长周强指出："深入推进司法公开，着力构建开放、动态、透明、便民的阳光司法机制，推进执行信息公开，建立执行信息公开网。"[2]执法信息公开是对公权力的一种监督，也是实现司法公开的重要手段。

（一）明确暂予监外执行信息公开的原则

我国的法律法规只对司法系统的信息公开提出了总体要求，还未对公开的范围作出明确的规定。由于对暂予监外执行案件的公开缺乏统一的规范，究竟如何确定或选择信息公开的范围，均由人民法院、监狱和公安机关自行确定。因此，应当明确暂予监外执行信息公开的范围。

暂予监外执行信息公开应当坚持"以公开为原则，不公开为例外"。原则上，对于暂予监外执行的案件都应当向社会公众以及利害关系人公开，但法律规定的不能公开的除外。

（二）加强信息公开平台的建设力度

目前，法院系统对暂予监外执行的信息公开，主要是通过全国法院减刑、假释、暂予监外执行信息网进行。而监狱系统和公安机关批准的暂予监外执行的信息，大多都是在各自系统的内网上或者监禁场所进行公示，这种信息公开具有一定的局限性，不利于社会公众或利害关系人对其进行监督。

因此，为了加大人民法院、监狱和公安机关对暂予监外执行信息公开的力度，应当在现在上线运行的"全国法院减刑、假释、暂予监外执行信息网"的基础上进行完善，加强信息公开平台建设，建立一个由全国法院、监狱和公安机关共享的专门用于暂予监外执行信息公开的统一平台，将所有的暂予监外执行的案件都在同一信息平台进行公开，避免各个系统"各自为政"带

---

[1] 参见［美］E.博登海默：《法理学——法律哲学与法律方法》，邓正来译，中国政法大学出版社2004年版，第373页。

[2] 周强："着力构建开放、动态、透明、便民的阳光司法机制"，载 http://news.xinhuanet.com/politics/2015lh/2015-03/12/c_127573127.htm。

来的社会监督障碍。

同时，在平台的建设过程中，要注意从方便社会公众监督的角度或信息受众的视角来考虑。因此，要摒弃传统的官本位思想，即不能一味地只从管理的角度来考虑，因为信息公开的实质就是要接受社会公众以及利害关系人的广泛监督，让每一个暂予监外执行的案件晒在阳光下。如果一个信息平台不具有公众监督的便利性，社会民众不便于对其进行监督，就无法起到监督的作用。如果一个信息系统只有系统内部能看懂或者只顾自己管理方便，完全不顾社会公众的使用感受，这样的系统建设或者信息公示或许只能说是一场秀而已！

所以，建立全国统一的暂予监外信息公开平台，要兼顾管理和社会公众两个方面的因素。同时，还要对网络的运行等基础性条件方面进行保障。只有这样，才能充分发挥社会公众对暂予监外执行的监督作用。

（三）加强暂予监外执行信息公开的力度

在司法实践中，法院系统对暂予监外执行案件的信息公开走在了前列，不管是从网上公开的数量还是公开的内容来看，法院都在积极推动暂予监外执行的信息公开机制的健全。但监狱和公安系统对暂予监外执行的信息公开力度还达不到要求。因此，需要从以下几个方面加强暂予监外执行信息公开的力度：

1. 从国家宏观层面对暂予监外执行的信息公开提出明确要求。凡是符合信息公开条件的案件，不管是由人民法院决定，还是由监狱、公安机关审批的暂予监外执行的案件，都应当在统一的信息平台进行公开，并把暂予监外执行信息公开的情况纳入对人民法院、监狱和公安机关的考核体系。

2. 暂予监外执行公开的信息要完整。随着社会主义政治文明的发展，仅仅关注案件审理过程的公开已经远远不能适应人民群众对提高司法透明度的要求。[1]因此，在暂予监外执行公开的内容上，应当做到全面和准确。要将案件的基本情况、暂予监外执行的期限等信息进行全面公开，不能只用一句话的简单方式进行公开，比如司法实践中出现的"决定对某某进行暂予监外执行"。如果人民法院、监狱或公安机关都采用如此简单的方式来推进暂予监

---

[1] 参见高一飞："走向透明的中国司法——兼评中国司法公开改革"，载《中州学刊》2012年第6期。

外执行信息公开工作的话，那么，这样的公开实际上等于没有公开。因为公众对罪犯的基本信息都无法了解，又何谈监督呢？这样也容易引起公众对司法公正的猜疑甚至是不信任。所以，暂予监外执行的信息公开要完整、详细和准确，进一步扩大公开的广度和深度，接受社会公众对暂予监外执行案件的广泛监督。

3. 实行执法信息全程公开。暂予监外执行制度历来因为执法不透明极易产生权力寻租而饱受诟病。为规范暂予监外执行制度，我国《暂予监外执行规定》明确规定，对经审议决定对罪犯提请暂予监外执行的，应当在监狱、看守所内进行公示；[1]同时，规定暂予监外执行决定书应当网上公开，[2]为暂予监外执行信息公开提供了法律依据。然而，仅仅是提请决定的公示和决定文书的公开，还不足以使暂予监外执行制度走向执法透明化，仍需检务公开、狱务公开、社区矫正监管信息公开并举，对暂予监外执行的执法信息实行全程同步公开。

4. 在公布的主体上，与暂予监外执行有关的法院、监狱管理机关、公安机关、检察院和司法行政机关都要纳入信息公开的主体范畴。当前，监狱系统和公安系统在暂予监外执行方面的公开与法院系统还相差较远，因此，监狱和公安系统应当加大对暂予监外执行的公开力度。

五、建立和完善权利救济机制

在暂予监外执行中，通过建立和完善权利救济机制，既可以保护罪犯的合法权益，也有利于加强对暂予监外执行的监督。

（一）建立申请复核机制

目前，在暂予监外执行中，没有设立罪犯对暂予监外执行的决定不服时的申请复核或者申诉渠道。罪犯是否能够适用暂予监外执行完全取决于法院或刑罚执行机关的一纸决定书，而且在决定的过程中罪犯没有发表自己意见的机会。尤其是对那些本应适用保外就医却没有被保外就医的罪犯来说，其合法权益受到了侵害，但却没有表达自己意见的渠道和机会。

没有救济，权利保障就无法落实。因此，在暂予监外执行的申请和决定

---

[1] 参见《暂予监外执行规定》第13条。
[2] 参见《暂予监外执行规定》第14条。

程序中，应当建立罪犯申请复核机制。如果罪犯对决定机关作出的决定有异议，允许其向决定机关的上一级机关提出复核申请，畅通申诉的渠道。从而，给罪犯表达自己意见的机会。

（二）完善检察机关救济渠道

在司法实践中，人民检察院在监狱和看守所都设有驻监（所）检察室，其目的一方面是加强对监狱和看守所刑罚执行的监督，另一方面也是为罪犯提供一个反映和投诉问题的渠道，从而保护罪犯的合法权益不受非法侵害。

在我国现行法律中，人民检察院处于监狱与罪犯中间，以人民检察院为中心，由人民检察院启动权利救济程序。但在三方博弈中，人民检察院和监狱经常处于合作博弈的关系，可能损害罪犯的合法权利，使罪犯处于孤立无援的境地。笔者在C市S区的调研过程中了解到，在暂予监外执行中，罪犯向驻监（所）检察室反映情况和问题的较少，这与罪犯怕反映后遭到不利后果的心理也有密切的关系。

从权利救济和检察监督的角度来讲，人民检察院应当进一步畅通罪犯反映合法合理诉求的渠道。比如采用检察官接待日活动等多种途径和形式，既给罪犯提供一个反映问题的途径，也可以发现刑罚执行机关在暂予监外执行中可能出现的执行不当的情况，并及时给相关执行机关提出书面检察监督意见，督促其纠正执行不当的决定和行为。

第五章
暂予监外执行社区矫正

刑罚轻缓化是刑罚制度发展的一个趋势，社区矫正是贯彻落实宽严相济刑事政策的重要举措之一，社区矫正制度的改革和完善也是我国深化司法改革的重要任务。党的十八届三中全会通过的《中共中央关于全面深化改革若干重大问题的决定》明确提出要"健全社区矫正制度"。社区矫正就是让那些主观犯罪意图不强、刑罚处罚程度较轻、放到社会上又不具有太大社会危害性的罪犯在非监禁的特殊环境中进行改造。我国的社区矫正制度是从我国实际国情出发，在总结实践经验和吸收国外类似制度优点的基础上建立起来的一项新的刑事司法制度，是对我国刑罚执行制度的探索和发展，对完善国家刑罚执行体系具有积极意义和重要作用。

第一节 社区矫正的运行机制

社区矫正是一种非监禁刑的刑罚执行方式。在我国，社区矫正是一项重要的非监禁刑罚执行制度，是将适用管制、缓刑、假释、暂予监外执行的罪犯置于社区内，由专门的国家机关在相关社会团体、民间组织和社会志愿者的协助下，在判决、裁定或决定确定的期限内，矫正其犯罪心理和行为恶习，促进其顺利回归社会的刑罚执行活动。社区矫正的目的是使矫正对象能够正常地回归到社会之中，同时，减少矫正对象的再犯罪率。社区矫正的显著特征是其执行场所相对于监狱等封闭性刑罚执行场所具有一定的开放性，矫正对象是在具有开放性的社区，并在司法机关的监管下接受矫正，在矫正期间，矫正对象可以正常地生活和工作，相对于在监狱执行具有一定的自由度。

社区矫正工作的有效开展需要高效的运行机制。对矫正对象要严格按照相关的规定进行监管，防止矫正对象脱管漏管。在社区矫正工作队伍的配置上，既要有专门的执法队伍，也需要借助社会团体和社区志愿者等社会力量。

在工作体系机制上,社区矫正工作的重点在社区,同时要充分发挥基层组织和有关部门的作用,从而使社区服刑人员将来能够顺利地回归社会。

一、社区矫正制度的发展

从国外有关社区矫正的立法情况来看,许多国家都制定了相关的法律规定。1973年,美国明尼苏达州出台了世界上第一部《社区矫正法》。此外,澳大利亚的《矫正服务令》、加拿大的《矫正与有条件释放法》也对社区矫正作出了相应的规定。有些国家虽然未出台专门的法律,但对此也出台了相应的法规,如日本的《缓刑执行保护观察法》《犯罪的预防更生法》等,这些法规在不打破原有刑法体系的情况下,很好地起到了补充作用。[1]这些法律法规为社区矫正工作的顺利开展提供了法律依据。

我国的社区矫正制度总体来讲起步较晚,相关的制度还不完善。我国的社区矫正制度经历了一个从试点到全面实施的过程,从2003年开始进行了社区矫正的试点工作,2005年进一步扩大了社区矫正试点的范围,2009年我国开始全面试行社区矫正制度,直到2014年,社区矫正制度在我国正式全面实施。社区矫正制度的实施不仅得到了党和政府的充分肯定,也得到了包括罪犯本人和罪犯的家属在内的社会群众的普遍关注和欢迎。十多年的司法实践证明,我国的社区矫正制度取得了较好的效果。截至2016年7月,全国各地社区矫正机构累计接收社区服刑人员298万人,累计解除社区矫正228万人,现正在接受社区矫正的超过70万人,社区服刑人员在矫正期间的再犯罪率一直处于0.2%左右的较低水平。[2]近年来,我国社区矫正制度在不断完善和发展。

2003年最高人民法院、最高人民检察院、公安部、司法部(以下简称"两院两部")联合下发通知,决定在我国开展社区矫正试点工作,并确定北京等6个省(市)作为首批试点地区,[3]标志着社区矫正工作在我国正式开始试点。2005年社区矫正的试点范围进一步扩大,由原来的6个省(市)扩

---

[1] 参见赵颖:"我国社区矫正立法的意义",载 http://www.legaldaily.com.cn/fxjy/content/2016-03/03/content_6509372.htm?node=70693.

[2] 参见罗书臻:"加强社区矫正衔接配合 确保依法适用规范运行",载《人民法院报》2016年9月22日,第4版。

[3] 数据来源:《中国地方法治发展报告》2017年版。

大到 18 个省（市）。

2006 年，在党的十六届六中全会作出的《中共中央关于构建社会主义和谐社会若干重大问题的决定》中，明确提出要实施宽严相济的刑事司法政策，积极推行社区矫正。

2009 年 9 月，"两院两部"联合下发《关于在全国试行社区矫正工作的意见》（以下简称《试行意见》），决定在全国推行社区矫正制度。《试行意见》对在我国全面推行社区矫正制度的必要性和重要性进行了全面阐述，对全面试行社区矫正工作的指导思想、基本原则、适用范围、主要任务以及加强组织领导等方面提出了具体要求。尤其是在如何加强对社区服刑人员的监督管理、教育矫正、帮困扶助、经费保障等方面提出了具体的要求和举措，为在全国范围内试行社区矫正制度提供了有力保障。

2014 年，社区矫正制度正式在全国范围内全面实施。2014 年 4 月 21 日，习近平总书记在听取司法部工作汇报时作出重要指示，明确指出：社区矫正已在试点的基础上全面推开，新情况新问题会不断出现。要持续跟踪完善社区矫正制度，加快推进立法，理顺工作体制机制，加强矫正机构和队伍建设，切实提高社区矫正工作水平。[1]社区矫正在实施中出现的一些新问题和新情况，需要通过立法手段加以解决。

二、社区矫正法立法进程

目前，我国社区矫正的立法工作相对滞后。社区矫正立法对于社区矫正制度的完善和发展具有重要作用。中国政法大学终身教授陈光中指出，党的十八届三中、四中全会明确了制定社区矫正法的任务，需要通过立法推进社区矫正制度的进步，这是制定社区矫正法的前提。[2]社区矫正立法是完善社区矫正制度以及为社区矫正工作提供法律依据的现实需要。

近年来，我国社区矫正立法工作正在不断推进。从 2011 年开始，我国正式启动社区矫正立法工作，但由于社区矫正立法工作涉及范围较为广泛，而且需要解决和协调的问题较多。因此，社区矫正的立法进度总体相对缓慢。

---

〔1〕 参见吴爱英："全面推进社区矫正工作健全完善社区矫正制度"，载 http://cpc.people.com.cn/n/2014/0825/c64102-25534173.html.

〔2〕 参见李豪、蔡长春："完善社区矫正制度 提升社区矫正立法质量"，载 http://www.legaldaily.com.cn/index/content/2016-12/29/content_ 6937141.htm? node=20908.

2011年,《社区矫正法》首次纳入国务院立法工作计划。社区矫正立法工作也由此正式启动。2011年2月,十一届全国人大常委会十九次会议审议通过的《中华人民共和国刑法修正案(八)》规定,对判处管制、缓刑以及假释的罪犯依法实行社区矫正。

2012年1月,司法部会同最高人民法院、最高人民检察院、公安部、司法部联合制定了《社区矫正实施办法》,对社区矫正的执行程序、矫正措施、法律监督等主要问题进行了明确。各地也出台了社区矫正的实施细则。同时,在2012年修改后的《刑事诉讼法》中,明确规定暂予监外执行的罪犯,依法实行社区矫正,这也标志着我国社区矫正法律制度初步确立。

2013年2月,《中华人民共和国社区矫正法(草案送审稿)》提请国务院审议,同年11月,党的十八届三中全会通过的《中共中央关于全面深化改革若干重大问题的决定》明确提出要"健全社区矫正制度"。

2014年3月,司法部会同国务院法制办、中央政法委牵头成立了由中央12个有关部门组成的社区矫正立法工作小组,开展社区矫正立法调研和论证工作。2014年10月,党的十八届四中全会通过的《中共中央关于全面推进依法治国若干重大问题的决定》中明确提出"制定社区矫正法"。

2015年4月,中共中央办公厅、国务院办公厅印发《关于贯彻落实党的十八届四中全会决定进一步深化司法体制和社会体制改革的实施方案》,明确提出制定社区矫正法。

2016年12月,国务院法制办向全社会发布《中华人民共和国社区矫正法(征求意见稿)》(以下简称《意见稿》)的通知,正式向社会各界征求意见。《意见稿》对于社区矫正制度的改革和完善具有重大的推动作用,对矫正实施程序、监督管理、教育帮扶以及矫正工作经费和矫正工作人员的权利义务进行了明确。

2017年1月1日,由最高人民法院、最高人民检察院、公安部和司法部联合出台的《关于对因犯罪在大陆受审的台湾居民依法适用缓刑实行社区矫正有关问题的意见》(以下简称《意见》)正式实施,《意见》规定对因犯罪在大陆受审、执行刑罚的台湾居民决定或批准暂予监外执行,实行社区矫正的可以参照《意见》的有关规定执行。

2019年1月29日,司法部表示,2019年将按照相关程序将《社区矫正法》提交全国人大常委会审议。由此可以预计,《社区矫正法》将会在不久后正式出台实施。《社区矫正法》的出台将为我国的社区矫正工作提供法律依据，有利于促使我国社区矫正工作更加规范和有效，也是我国深化司法体制改革、贯彻宽严相济刑事政策的有力举措。社区矫正的立法对于完善我国的社区矫正制度和推动社区矫正工作的发展都具有重要的作用和意义。

三、社区矫正执行衔接运行机制

2016年8月30日，最高人民法院、最高人民检察院和公安部等联合发布了《关于进一步加强社区矫正工作衔接配合管理的意见》，对社区矫正工作的相关问题进行了规定。

（一）社区矫正机构与监狱的衔接运行

1. 社区矫正衔接机构的设置。2003年，我国监狱体制改革将监狱行刑与管理（矫正）分离，并取得了一定的成效。但社区矫正与监狱行刑的衔接存在一定的问题，影响了社区矫正的有效执行。自2003年开展社区矫正试点工作以来，公安机关成为社区矫正的执法主体，同时还联合相关单位组成社区矫正执法综合体系。如在市一级设"社区矫正办公室"，有的区、县成立"领导小组办公室""社区矫正工作处""社区矫正科"，或者由司法局"安帮科或安帮办"负责社区矫正工作，但这些工作机构的名称大多都不统一。

2. 法律文书与报到管理之间的衔接。2010年，中央社会治安综合治理委员会办公室建立的刑释解教人员安置帮教信息系统已在全国范围内启动，对于衔接工作起到了非常重要的作用。但是也出现了监狱警力不足、转递矫正对象法律文书等相关材料不全或者不统一、一些社区矫正机构未及时更新相关信息，对于材料转递函的回执或回寄问题重视不够、矫正资料交接不到位等问题。

3. 特殊矫正对象与疾病防控的衔接。在监狱行刑实践中，特别是关押重刑犯的监狱，每年需要进行特殊矫正的人数增多。如果将在监狱服刑的精神病和艾滋病罪犯放在社区进行矫正，将会产生疾病防控、精神病罪犯治疗与矫治衔接以及社区安全冲突等问题。在条件允许的情况下，应将其移交精神病医院进行治疗，这样既能使风险得到控制又能保证社区矫正的顺利进行。

4. 矫正期间信息反馈与收监执行的衔接。监狱行刑与社区矫正衔接工作需要双向发挥作用，如果在这一环节上处理不当，将会影响社区矫正工作的落实。所以，对矫正对象的管理、信息掌握和信息反馈等配套工作十分关键。

(二) 司法机关与公安机关之间的衔接

从国外的一些实践来看，社区矫正的执法主体多是具有相对独立性的机构。如美国统一由司法行政部门管理，并设独立的假释委员会，负责假释及执行工作。[1]在我国，司法行政机关在管理社区矫正过程中与公安机关发生联系是不可避免的。由于公安机关掌握较为丰富的社会管理资源，能够更好地协助司法行政机关开展相关工作。但是他们之间工作的衔接也存在着一些问题，比如对服刑人员文件接收不及时以及对异地服刑人员的相关信息掌握不一致。尽管2012年《刑事诉讼法》将社区矫正的执法主体由原来的公安机关改为社区矫正机构，但这并不是说社区矫正与公安机关就没有关联。事实上，社区矫正机构与公安机关仍然需要加强协作配合，从管控的严密度来看，司法所的人员比公安机关更加了解和熟悉服刑人员的情况，但公安机关具有的优势使其能够更好地掌握外地服刑人员的情况。因此，社区矫正机构与公安机关之间需要加强衔接配合。

(三) 社区矫正机构与专业机构之间的衔接

社区矫正机构应当针对罪犯的不同情况采取有针对性的矫正措施，以保证矫正工作的顺利进行。《社区矫正实施办法》第17条和第18条规定，司法行政机关要根据社区矫正人员的心理状态、行为特点等具体情况，采取有针对性的措施进行个别教育和心理辅导，矫正其违法犯罪心理，提高其适应社会的能力。因此，社区矫正机构要从心理辅导和就业技能培训等方面对罪犯进行帮扶。但现实的困难是社区矫正机构没有专业人员能够为服刑人员提供心理和就业技能培训。因此，社区矫正机构需要与心理辅导和就业培训等机构进行衔接配合，形成协同效应。

我国各地也进行了一些积极的司法实践，如北京市在各区县建立了"阳光中途之家"，专门配备了一些专业人员，主要负责对服刑人员进行心理教育，帮助社区服刑人员更好地回归社会。此外，社区矫正机构要加强与人力资源、社会保障相关职能部门以及就业技能培训机构的合作，提高社区矫正人员的就业能力。

(四) 社区矫正机构与所在社区的衔接

社区和社区居民是社区矫正工作中的重要组成部分和重要力量。社区服

---

[1] 参见庄乾龙："社区矫正执行衔接问题研究"，载《燕山大学学报（哲学社会科学版）》，2012年第1期。

刑人员在社区接受矫正教育,日常生活主要在社区,因此,服刑人员所在的社区比较了解其在社区的情况,甚至可以进行一定程度上的监管或帮扶。但在司法实践中,社会机构和社区居民对矫正工作的参与度相对较低。因此,应促使社区矫正机构与社区服刑人员所在的社区进行紧密合作。积极发动社区中的居民参与社区矫正工作,从而在一定程度上改善矫正工作的运行状况,有利于服刑人员早日回归社会。

第二节 社区矫正的执行程序

社区矫正执行程序是社区矫正工作的重要内容,根据《社区矫正实施办法》的规定,社区矫正的执行程序包括居住地核实、法律文书的交付、服刑人员报到、司法行政机关接收等。

一、居住地核实程序

根据《社区矫正实施办法》第5条的规定,对于适用社区矫正的罪犯,刑罚执行机关应当核实其居住地。根据《重庆市社区矫正实施细则》第23条、第24条的规定,社区矫正人员应当在居住地接受社区矫正,无法确定居住地的,在户籍地接受社区矫正。人民法院决定暂予监外执行的罪犯居住地由人民法院核实。裁定假释、公安机关和监狱管理机关决定暂予监外执行的罪犯居住地由监狱、看守所核实。这些规定对居住地的核实进行了明确。

虽然《社区矫正实施办法》对于社区矫正的执行采取的是以居住地为原则,以户籍地为补充的模式,但是户籍制度在我国目前的社会管理中仍发挥着难以替代的作用,一些地方往往不愿意接纳异地、特别是外省籍的服刑人员在本地服刑。因此,居住地调查程序对于充分发挥社区矫正的作用、坚持法律面前人人平等的原则具有非常重要的意义。[1]

要特别注意的是对流动人口的居住地核实,应将居住地调查与审前社会调查结合起来,提前询问被告人服刑地的意见,尽量选取最有利于监管和矫正的地点服刑。一些地方已经规定了关于调查地或者执行地的选择程序,特别是有的地方还规定了应征求矫正对象对于执行地选择的意见(如北京、天

---

[1] 参见司绍寒:"社区矫正执行程序研究",载《中国司法》2013年第11期。

津、浙江等规定了犯罪嫌疑人、被告人、罪犯居住地的核实程序）。[1]此外，有的地方还规定了罪犯与保证人居住地不一致时的处理程序。如重庆市司法局2014年1月2日出台的《重庆市社区矫正实施细则》第25条规定："暂予监外执行罪犯与保证人居住地应当一致。不一致的，暂予监外执行罪犯应当在保证人居住地接受社区矫正，并由保证人提供固定居所和社区矫正期间的生活保障。"同时，第26条还进一步对社区矫正人员的居住地作出了详细规定。

二、法律文书的交付程序

法律文书的交付程序是指有关机关将法律文书交付给负责社区矫正执行的社区矫正机构所需经过的相关程序。需要送达的法律文书主要包括判决书、裁定书、决定书、执行通知书、假释证明书副本、病情诊断、妊娠检查或者生活不能自理的鉴别意见等，这些文书同时还应当抄送社区服刑人员居住地的县级公安机关和人民检察院。如果是人民法院决定暂予监外执行的，则应当在作出决定后3个工作日内将判决书、暂予监外执行决定书、执行通知书、病残鉴定资料等相关证据材料送达罪犯居住地区的县级司法行政机关和负责羁押的看守所。同时，还要抄送居住地同级人民检察院。如果罪犯在交付执行前已经被刑罚执行机关羁押的，由负责羁押的刑罚执行机关将暂予监外执行罪犯押送至其居住地的县级司法行政机关，并当场办理法律文书移交手续；若罪犯未被羁押，就须通知罪犯居住地的县级司法行政机关派员到庭办理交接手续。

三、社区服刑人员报到程序

社区服刑人员报到分为自行报到和押送报到。《暂予监外执行规定》第19条规定，人民法院决定暂予监外执行的分为两种情况进行处理，如果罪犯被羁押的，就应当通知罪犯居住地社区矫正机构派员持暂予监外执行决定书及时与看守所办理交接手续。如果罪犯被取保候审或是被监视居住的，则由社区矫正机构与执行取保候审或监视居住的公安机关办理交接手续。这两种情况都是采用押送报到的方式将罪犯移交社区矫正机构。另一种情况是服刑

---

[1] 参见司绍寒："社区矫正执行程序研究"，载《中国司法》2013年第11期。

人员在规定的期限内自行到社区矫正机构报到。

同时，对于未按照规定报到的，《关于进一步加强社区矫正工作衔接配合管理的意见》第8条规定，社区服刑人员不按规定时间期限报到导致漏管的，居住地县级司法行政机关应当给予警告；符合收监执行条件的，依法提出收监执行建议。

四、司法行政机关接收程序

（一）接收登记，建立档案

服刑人员到司法所报到时，司法所要进行接收登记手续，并按照要求建立矫正工作档案，包括刑事判决书及相关法律文书，《社区矫正对象登记表》《社区矫正情况记载簿》《社区矫正宣告书》《社区矫正方案》《社区矫正志愿者帮教协议书》《社区矫正监护协议书》《社区矫正对象须知》等系列档案资料。

（二）宣告程序

"社区矫正宣告程序是一个承上启下的环节，它标志着社区服刑的正式开始，也标志着罪犯从此属于社区矫正机构的监督管理之下。"[1]宣告程序可以了解矫正对象的态度以及思想认识情况，通过这样一种程序加强与矫正对象的沟通和交流，从思想上促进矫正对象端正自己的态度，为今后矫正工作的顺利开展从思想认识层面打下一定的基础。

宣告的具体程序一般包括宣读《社区矫正宣告书》，谈话教育，告知矫正对象在矫正工作中需遵守的各项规定，确定每个矫正对象的管理人员以及签订帮教协议和监护协议等程序。宣告的地点既可以在司法所，也可以在村（居）委会办公室，一般情况下是选择在司法所进行宣告。

（三）制订矫正方案

社区矫正机构应根据矫正对象的不同情况制定有针对性的矫正方案。因为矫正对象的情况不同，犯罪原因、生活情况都不相同，这就需要制定人性化和个别化的矫正方案。在制定矫正方案时，还要综合考虑矫正对象的服罪态度，根据罪犯的身体条件进行合理的区别对待，对未成年人、在校学生应当尽量减少对其产生负面影响。

---

[1] 司绍寒："社区矫正执行程序研究"，载《中国司法》2013年第11期。

五、服刑人员矫正执行程序

暂予监外执行人员到社区矫正机构报到后,就要按照社区矫正的相关要求接受教育矫正和监督管理,参加教育学习和社区服务等。具体包括以下几个方面的内容:

(一)报告程序

根据《社区矫正实施办法》第 11 条的规定,对于保外就医的社区矫正人员,应每月向司法所报告本人的身体情况,每 3 个月向司法所提交病情复查的情况说明。有些地方也出台了相应的规定,如《北京市社区矫正实施细则》规定应每 3 个月提交一份矫正小结。

(二)参加学习和劳动

根据《社区矫正实施办法》第 15 条和第 16 条的规定,社区矫正人员每月参加集中学习教育时间不少于 8 小时,对于具有劳动能力的社区矫正人员应当参加社区服务,每月参加劳动时间不少于 8 小时。根据矫正对象的学习和劳动情况评定劳动成绩,并记录到《社区矫正对象公益劳动记录簿》中。

(三)考核程序

根据《社区矫正实施办法》第 21 条的规定,司法所要做好《社区矫正记载簿》的记录。司法所应当及时记录社区矫正人员接受监督管理、参加教育学习和社区服务等情况,定期对其接受矫正的表现进行考核,并根据考核结果,对社区矫正人员实施分类管理。笔者通过对 C 市 S 区的调研了解到,该区在每月考核的基础上,还组织了季度考核会,由司法所牵头主持,辖区内的派出所、社区或者村社干部参加,对暂予监外执行人员在社区矫正中的日常表现等情况进行集体评议,根据评议结果对罪犯下一个季度的监管进行重新分级分类,而每一个级别和类别在监管的方式方法上都有所差异。

六、期满鉴定程序

(一)提交解除矫正申请报告

社区服刑人员在矫正期满前 1 个月内,应填写《自我鉴定表》,向司法所提交解除矫正申请报告。

(二)综合鉴定评价

由社区矫正工作领导小组主持召开鉴定评议会议,参加人员包括考核责任人、社区民警、社区干部、志愿者、监护人等。参加人员需对矫正对象在矫正期间的各种表现进行充分了解，在此基础上对矫正对象在社区的矫正情况作出评价。

（三）鉴定结论

社区矫正工作领导小组根据社区矫正人员的日常表现、违规等情况，作出是否同意解除社区矫正的鉴定结论，填写《社区矫正对象期满鉴定表》，并将鉴定结果报区司法局和区公安分局批准，同时报区人民检察院备案。

七、解除矫正程序

根据《社区矫正实施办法》第30条的规定，社区矫正人员矫正期满，由司法所组织解除社区矫正宣告。宣告由司法所工作人员主持，针对社区矫正人员的不同情况，通知有关部门、村（居）民委员会、群众代表、社区矫正人员所在单位、社区矫正人员的家庭成员或者监护人以及保证人参加解除矫正宣告程序。县级司法行政机关应当向社区矫正人员发放解除社区矫正证明书，并书面通知决定机关，同时抄送县级人民检察院和公安机关。对于解除社区矫正的人员，刑罚执行机关要对其就业等方面提出建议并提供必要的帮助。

第三节　暂予监外执行社区矫正措施

暂予监外执行社区矫正的措施主要包括教育矫正、心理矫正和劳动矫正。

一、教育矫正

教育矫正又称为"思想教育矫正"。在我国台湾地区也有相似的规定，2002年6月5日颁布实施的"保安处分执行法"第32条规定，感化教育应当加强对其生活技能方面的培养，以便其能够顺利回归社会。

（一）教育矫正的内容

教育矫正的内容包括法律法规教育、认罪服法教育、职业教育等。法治教育是指对服刑人员进行法律知识普及，增强他们的法治意识。认罪服法教育是通过一些生动形象的案例或采用以案说法等形式对服刑人员进行教育，使其真正认识到自己的犯罪行为给他人带来的伤害和将承担的法律后果，防止服刑人员出现再次犯罪的情况。职业教育是通过开展职业技能方面的培训，使服刑人员掌握一定的职业技能，从而提高就业能力和生存能力。

（二）教育矫正的方式

1. 集中教育。集中教育主要是要解决服刑人员中带有共同性或普遍性的问题。课堂教育是集中教育的主要途径，此外，还包括作报告和专门培训等形式。

2. 个体教育。个体教育主要是为了解决服刑人员的各种具体问题而有针对性地开展的具有个性化特点的教育。《社区矫正实施办法》第17条规定，要根据社区矫正人员的心理状态、行为特点等具体情况，采取有针对性的措施进行个别教育和心理辅导。《重庆市社区矫正实施细则》第73条规定，个别教育由社区矫正小组负责具体实施。

二、劳动矫正

劳动矫正已成为社区矫正的一项重要内容。劳动矫正具有强制性、公益性、非盈利性和教育性。《社区矫正实施办法》第16条规定，有劳动能力的社区矫正人员每月参加社区服务时间不少于8小时。各地制定的相关文件也将劳动矫正作为行为矫正的重要方式，如《重庆市社区矫正实施细则》第76条规定，有劳动能力的社区矫正人员应当参加社区内或其他公共服务机构内的公益性工作。《北京市社区矫正实施细则》第24条规定，有劳动能力的社区矫正人员应当参加司法所组织开展或委托相关单位组织开展的社区服务。

在司法实践中，社区矫正人员从事的劳动一般包括社区的清洁工作，交通疏导，为老人、残疾人、贫困家庭提供义务服务等，具体内容由各地方自行决定。如《广东省贯彻落实〈社区矫正实施办法〉细则》第26条规定，司法行政机关应当按照符合社会公共利益、操作性强、易于监督检查、保障安全的原则，建立社区服务基地或场所，因地制宜地设置社区服务项目、内容和方式。我国台湾地区"保安处分执行法"第54条规定的劳动内容有炊事、打扫、看管等。

在劳动内容的安排上，要根据服刑人员的各种情况因地因人进行设置。要综合考虑未成年人、女性、老人，还有患有疾病、残疾、孕妇和处于哺乳期的妇女等特殊群体的情况，在劳动矫正中加以区别对待。如《天津市社区矫正工作实施细则（试行）》第71条规定，社区矫正人员不满18周岁的、年满 60 周岁的以及因病暂予监外执行的经过批准可以不参加劳动。

三、心理矫正

心理矫正的目的是改善服刑人员的心理状况，树立正确的心理矫正观念，从而预防和减少服刑人员再次犯罪的情况发生，帮助他们能够顺利地回归社会，确保社会的安全稳定。

（一）心理矫正的途径

针对心理矫正在实践中存在的问题，心理矫正的改进工作必须从以下几个方面展开：

1. 完善的心理矫正制度。心理矫正是社区矫正工作的重要手段，应通过制定和完善相关的规章制度，对心理矫正的操作流程、专业要求等方面进行明确，确保心理矫正的规范性和专业性。

2. 专业的心理矫正队伍。心理矫正工作具有较强的专业性要求，应当由经过专业训练、取得专业资格证书的专业人员，对社区矫正人员进行心理矫正，这样才有利于帮助服刑人员改变对心理矫正的误解，使之最终能够正常地回归社会。

3. 必要的条件保障。心理矫正是一项技术性要求较高的专业性工作，需要必要的物质条件的保障。社区矫正机构要从经费、场所等方面提供保障，确保心理矫正工作顺利推进。

（二）心理矫正的方法

心理测评是心理矫正工作的基础。心理测评是指用心理学知识和方法对矫正对象的心理状况进行了解和掌握。测评的方法是用心理学常用的 SCL-90（心理健康自评）、EPQ（人格测试）、明尼苏达人格测试、16FP 四种测评手段，测评的方式以问卷调查和走访为主。对服刑人员进行心理测试后，根据服刑人员的心理状况采取专业的方法进行心理矫正，对于存在严重心理问题的服刑人员要进行心理治疗。

要特别注意的是针对服刑人员中的未成年群体，开展心理矫正时要给予特殊关照，因为未成年人的心理状态比较特殊，所以针对这一类群体需要采取特殊的矫正方法。如上海矫正中心采用的"成长小组"团体咨询活动方式，就是通过开展现场互动式活动等形式，对未成年人进行心理矫正，减少对未成年人心理健康的损害。

第四节　暂予监外执行社区矫正制度的完善

目前，我国社区矫正立法工作相对滞后，在社区矫正的实际执行过程中，还不同程度地存在社区矫正相关机构之间衔接配合不到位、矫正信息无法有效共享、社区矫正执法人员缺乏、运行机制不顺畅等问题。因此，需要对社区矫正制度进行完善。

一、完善社区矫正衔接配合机制

暂予监外执行罪犯是社区矫正对象的重要组成部分，这也使得监狱与社区矫正机构必然存在密切的联系。但在司法实践中，我国监狱管理机构与社区矫正机构之间存在衔接不到位现象。[1]因此，需要对社区矫正制度进行完善。

（一）矫正适用前的衔接配合机制

1. 加强调查评估工作。公、检、法、监狱对拟适用或者提请适用社区矫正的被告人、犯罪嫌疑人或者罪犯，需要调查其对所居住社区影响的，可以委托其居住地县级司法行政机关进行调查评估。

2. 征求检察机关意见。人民法院在作出暂予监外执行决定前要征求检察机关的意见。同时，要将罪犯的病情诊断、生活不能自理或妊娠检查的鉴别意见等有关材料在征求意见时一并递交，便于检察机关加强对决定机关或者刑罚执行机关的监督。人民检察院发现执行不当的，要向决定机关提出检察意见。

（二）交付接收的衔接配合机制

1. 资料的交接衔接。公安机关、监狱管理机关批准暂予监外执行或法院决定暂予监外执行的，在交付服刑人员时应将其病情诊断等材料一并提交给县级司法局。如果出现居住地县级司法局在罪犯前来报到前或报到时，没有收到有关资料文件以及有关资料文件不齐全的情况，可以先记录有关罪犯的情况，同时通知法院、监狱等在 5 日内送达或者补齐相关资料。

2. 加强对漏管人员的管理。漏管主要是指公、检、法、司法局在交付接收罪犯时因各种原因造成脱节错位，或者相关罪犯逃避法律制裁、在规定期

---

〔1〕 参见庄乾龙："社区矫正执行衔接问题研究"，载《燕山大学学报（哲学社会科学版）》2012 年第 1 期。

限内没有按时报到，造成罪犯没有及时到社区接受矫正。如果出现服刑人员漏管情况，社区矫正机构必须及时组织搜寻，并由居住地县级司法局通知公、检、法等部门及时进行处理。

（三）收监执行的衔接配合机制

服刑人员因违反监督管理规定被决定收监执行的，应当本着就近、便利、安全的原则，将其送交其居住地所属的省（市）县的看守所或监狱执行刑罚。如果出现服刑人员在逃的情况，居住地的社区矫正机构应当在收到人民法院、公安机关、监狱管理机关的裁定、决定后，立即通知居住地县级公安机关负责实施追捕。

二、建立矫正信息化管理平台

2015年初开始，司法部社区矫正管理局与信息中心联合部署开展全国社区矫正信息化联网试点工作。2015年4月，在北京、江苏、安徽、江西、云南5省（市）开展了首批试点工作，如苏州注重利用各种信息资源推进社区矫正工作，积极打造"社区控制网、定位控制网、视频控制网、数据协作网"四网融合的动态管控教育平台，并逐步与社区矫正管理系统相连接，通过"大数据"分析，实现社区矫正工作精准化，切实提升社区矫正工作实效。

在服刑人员适用社区矫正前，要强化监狱与社区矫正机构的信息沟通机制。同时，社区矫正机构与监狱要实行信息及时沟通机制，严把"入口关"。在社区矫正过程中，要实施社区矫正数据共享机制。社区矫正机构与监狱、检察机关等部门应建立无缝衔接的信息交换平台，防止出现服刑人员脱管漏管的现象。

三、建立社区矫正人民警察队伍

社区矫正是一种刑罚执行方式，而刑罚执行需要以国家的强制力为后盾。我们要正确理解社区矫正，在罪犯和社区之间建立或重新建立牢固的联系，使其重归社会生活，恢复家庭关系，获得就业和受教育机会，这一点是复归模式的唯一目标，而且还需要发动和改造社会及其各类机构。[1]在实践中，

---

[1] 参见［美］克莱门斯·巴特勒斯：《矫正导论》，孙晓雳等译，中国人民公安大学出版社1991年版，第22页。

由于社区矫正执法人员对服刑人员不能采取强制手段，有的社区矫正对象会不服管教，甚至有脱逃或暴力行为。为此，有的试点地区抽调部分警力来协助或从事社区矫正工作。如我国北京、上海等地在社区矫正工作中，共借调了3000多名监狱、公安、劳教、戒毒人民警察从事社区矫正。[1]黑龙江、湖北、广西等地也分别从监狱、戒毒警察中抽调人员参与社区矫正工作。[2]实践证明，这有利于增强执法的权威性和严肃性。

从社区矫正工作的实际需求角度来看，社区矫正需要人民警察的强制力作为后盾和保障，以体现刑罚执行的严肃性和威慑力以及刑罚的惩罚性，从而减少违法犯罪，保护人民群众的人身财产安全，维护社会稳定。但仅仅依靠抽调警力的方式不能解决司法实践中的问题，社区矫正的性质和服刑人员的特点，决定了社区矫正队伍中需要有一定比例的专职警察。

鉴于目前司法行政机关没有专门从事社区矫正的人民警察，高一飞教授建议在《社区矫正法》中确立社区矫正执法人员为"社区矫正警察"，以后将《中华人民共和国人民警察法》（以下简称《警察法》）第2条第2款相应修改为："人民警察包括公安机关、国家安全机关、监狱、劳动教养管理机关的人民警察和人民法院、人民检察院以及基层司法行政机关从事社区矫正工作的专职人员。"社区矫正警察的任职资格要求、职责和权限等，既要遵循《警察法》的一般规定，也要遵循《社区矫正法》的特殊规定。[3]通过组建一支专门的社区矫正人民警察队伍，作为国家的刑事执行力量参与社区矫正工作。他们的主要任务是对违反社区矫正的相关规定的罪犯采取强制手段和解决社区矫正中的突发事件。

此外，可以从社会上招募一批志愿者加入到社区矫正工作队伍中。同时，配备一定比例的专业人才，如心理医师、社区服务人员等，从而形成合力，提高社区矫正的质量和效果。

---

[1] 参见刘强："对《社区矫正法（征求意见稿）》的修改建议"，载 http://mt.sohu.com/20161222/n476645740.shtml.

[2] 参见刘强、姜爱东：《社区矫正评论（第八卷）》，中国法制出版社2018年版，第61页。

[3] 参见高一飞、汪友海："社区矫正法应明确执法人员地位与职权"，载《检察日报》2017年2月6日，第3版。

四、建立和完善社区矫正运行机制

（一）建立和完善联席会议机制

根据 2016 年 8 月 30 日实施的最高人民法院、最高人民检察院、公安部、司法部《关于进一步加强社区矫正工作衔接配合管理的意见》第 13 条的规定，司法行政机关应当会同人民法院、人民检察院、公安机关健全完善联席会议制度和情况通报制度。主要是为了社区矫正机构与监狱、司法行政部门之间存在的衔接配合等相关问题。该文件提出应建立每月情况通报制度。每月末，召开社区矫正每月情况通报会议。通过推行每月情况通报制度，让司法机关及时掌握社区矫正人员近期的状态和动向，保证社区矫正人员能够更好地接受教育和改造、防止其重新犯罪。

（二）建立定期联合督查机制

根据《社区矫正实施办法》第 35 条的规定，司法行政机关要建立执法考评、监督检查制度，由公、检、法等部门建立社区矫正人员的信息交换平台。通过定期联合督查方式，严格对照社区矫正的标准，从矫正前、中、后三个执法环节对社区矫正执法行为进行有效监管，防止在社区矫正环节出现脱管漏管现象。

（三）建立定期联动回访机制

建立定期走访回访机制。利用社区矫正信息管理平台，建立包括电话回访、信息平台信息核实等方式对社区矫正人员情况进行确认。同时，通过社区基层组织了解社区矫正人员回归社会后的现实表现情况。全面掌握社区矫正人员的生活动态及状况，从而建立社区矫正人员风险评估体系，防止再次犯罪、违反法律法规等具有社会危险性的情况发生，维护社会的安全稳定。

第六章
暂予监外执行收监程序

在暂予监外执行中，收监执行属于最后一个程序，也是刑罚执行中非常重要的环节。近年来，在暂予监外执行中，一些"有权人或有钱人"通过非法手段，获得暂予监外执行的机会，达到逃避法律惩罚的目的。司法腐败行为的频频发生，引起了社会的强烈反响。为此，我国检察机关加大了对暂予监外执行活动的检察监督力度。2014年，在全国范围内开展了以"职务犯罪、金融犯罪和涉黑犯罪"为重点的专项清理活动。监督有关部门对2244名暂予监外执行罪犯依法收监执行，[1]通过对应当收监执行的暂予监外执行人员及时收监处理，对罪犯形成了较强的威慑力，专项行动取得了较好的效果。但由于我国法律法规对收监执行的规定还不明确，导致在司法实践中出现收监执行难等现象。因此，需要对暂予监外执行的收监执行制度进行规范。

我国法律法规未对暂予监外执行中的"收监执行"作出明确的界定。从广义上讲，收监执行是指被判处管制或缓刑、裁定假释、决定暂予监外执行而进行社区矫正的罪犯，由于在社区矫正期间出现了违反法律、行政法规或者有关社区矫正的监督管理规定的情况，应当依照法定撤销程序，决定收监执行刑罚的一种刑罚执行措施。本书所指的"收监执行"是对暂予监外执行的罪犯进行收监执行。

第一节 暂予监外执行收监的条件与范围

根据2012年《刑事诉讼法》的规定，暂予监外执行人员需要到社区进行矫正，将罪犯从封闭的监禁场所转至开放的社区执行刑罚，使罪犯能够更好地重新融入社会，体现了对暂予监外执行人员的人性关怀。但如果罪犯在社

---

[1] 参见徐盈雁："曹建明：监督对2244名暂予监外执行罪犯依法收监执行"，载http://news.xinhuanet.com/lianzheng/2015-03/12/c_127573600.htm。

区矫正的过程中,出现了违反社区矫正等相关管理规定的情况,作出决定的人民法院、监狱管理机关或公安机关就应当对其进行收监执行。暂予监外执行的收监执行条件可以分为法定收监条件和酌定收监条件。

一、暂予监外执行收监的法定条件

罪犯被适用暂予监外执行后要到社区矫正机构接受教育矫正,在社区矫正过程中或者矫正结束后,一旦出现法定的收监情形,司法行政机关就应当对其进行收监执行,暂予监外执行收监的法定条件包括以下几个方面:

(一)发现不符合暂予监外执行条件

对于不符合暂予监外执行条件的罪犯应当按照规定程序对其进行收监执行。比如罪犯本身不符合保外就医的条件,所患疾病根本未在保外就医严重疾病范围内,而是通过非法手段骗取保外就医资格,这种情形一般是罪犯通过贿赂保外就医鉴定人员出具虚假病情证明文件,或者是暂予监外执行的决定机关或者刑罚执行机关的相关人员在保外就医的鉴定、审批环节徇私舞弊,为罪犯通过非法途径骗取保外就医提供帮助或便利,从而使原本不符合保外就医条件的罪犯借此逃避法律的制裁。这类罪犯即使被适用暂予监外执行,一旦被发现就应当对其进行收监执行。北京市人民检察院原检察长池强指出,自 2014 年以来,依法督促将 37 名违法保外就医的罪犯收监执行,包括厅级干部 2 人。[1]因此,对于凡是通过非法手段获得暂予监外执行的,应一律对其进行收监执行。

(二)暂予监外执行的情形消失后刑期未满的

当罪犯暂予监外执行的情形消失,但刑期未满的,就需要对其进行收监执行。具体分为以下几种情形:

第一种是对于保外就医的罪犯,所患疾病已经全部治愈或者病情基本得到控制,不会危及生命安全的就应当对其进行收监。如因犯受贿罪、巨额财产来源不明罪被判处无期徒刑的陈某某,因有悔改表现,先后于 2005 年、2007 年、2009 年三次获得减刑。2010 年 7 月 19 日,陈某某因疾病被批准保外就医一年,后延长三次至 2014 年 7 月 18 日止。2014 年 6 月 27 日,陈某某

---

[1] 参见李泽伟:"两名厅级罪犯保外就医被重新收监",载《北京青年报》2015 年 9 月 24 日,第 9 版。

不再符合保外就医条件，被重新收监，服刑于无锡监狱。[1]在司法实践中，一些有权人或有钱人，往往通过自己的人脉或朋友圈，以保外就医的名义，一保再保。因此，对于这类罪犯应当及时收监执行。这也说明罪犯被保外就医后，需要进一步加强对其治疗情况和康复情况的监管。

第二种是怀孕或者哺乳自己婴儿的妇女在暂予监外执行期间，因各种原因出现了流产或者是哺乳期结束的都应当对其进行收监。如浙江三门县一罪犯焦某因一起集资诈骗案被上海市静安区人民法院判处有期徒刑6年。但因其当时已怀有身孕，不宜收监执行刑罚。人民法院决定，自2012年6月6日至2014年6月5日对焦某暂予监外执行。在暂予监外执行期间，焦某因孕期体检时发现胎儿不好，做了引产手术，2014年5月，上海市静安区人民法院决定依法对其收监执行；[2]罪犯王某因犯故意伤害罪于2015年8月20日，被十堰市中级人民法院判处有期徒刑5年。但由于罪犯王某正处于怀孕期，十堰市中级人民法院依法决定对其暂予监外执行。2016年9月29日，罪犯王某哺乳期满，暂予监外执行情形消失且刑期未满，十堰市中级人民法院决定对罪犯王某收监执行刑罚。[3]

二、暂予监外执行收监的酌定条件

暂予监外执行收监的酌定条件是指罪犯在社区矫正期间，违反有关暂予监外执行监督管理规定，根据违反规定的严重程度或具体情况需要对其进行收监执行，主要包括以下几种情况：

（一）社区矫正人员擅自离开居住地

根据《社区矫正实施办法》第13条的规定，如果社区矫正人员由于某种特殊情况，需要短时间（一般是在7日内）离开居住地，应当向司法所办理请假手续，如果请假时间超过7日的，还须经过县级司法行政机关审批后才

---

[1] 参见姚晓岚、李超："遏制'保外就医'中的司法腐败"，载《中国青年报》2016年12月14日，第7版。

[2] 参见胡蝶飞、李鸿光："两年前因身孕监外执行两年后被法院收监执行"，载《上海法治报》2014年6月16日，第5版。

[3] 参见李端梁："丹江口市两名暂予监外执行情形消失罪犯被收监"，载http://www.djksfj.gov.cn/html/2016/chgz_ 1115/1617.html。

能离开，而且离开的时间不得超过 1 个月。[1]

如果是因为住所发生变化，需要对居住地进行变更的，则需要提前 1 个月向司法行政机关提出申请，由县级司法行政机关进行审批。如果社区矫正人员未按照规定进行报批而擅自离开或者拒不向司法行政机关报告自己行踪而脱离监管，经警告拒不改正的就需要对其进行收监。

（二）社区矫正人员未按照规定进行报告

根据《社区矫正实施办法》的规定，社区矫正人员在社区矫正过程中，应当将相关情况向司法行政机关进行报告。具体分为以下几种情况：

1. 针对保外就医人员。保外就医人员在社区矫正期间，应当定期向司法行政机关报告自己的治疗情况和身体恢复情况。一般应当每月报告自己的身体情况，每季度提交病情复查情况。其目的是使司法行政机关通过监控矫正人员的身体状况，判断社区矫正人员是否符合收监执行的条件。如果保外就医人员病情好转或者疾病已经治愈，就意味着暂予监外执行的情形已经消失，则需要对其进行收监。如贵州省罪犯陈某某，因在社区矫正期间没有按照规定提交病情复查情况，被贵州省监狱管理局收监执行。[2] 收监执行决定书如下所示：

暂予监外执行收监决定书

黔狱刑收字[2016]第005号

安顺监狱：

罪犯 陈□□，性别 男，1933年7月17日出生，汉族，

住址 安顺市西秀区████████，

因 贩卖毒品 罪被人民法院判处 15年，

附加 剥夺政治权利五年，并处没收个人财产二万元。

现刑期自 2006年7月9日 起至 2019年7月8日 止。由 贵州省监狱管理局批准自 2015年7月3日 起暂予监外执行。该犯在暂予监外执行期间，因 社区矫正期间未按规定提交病情复查情况，应当收监执行。根据《刑事诉讼法》第二百五十七条、《监狱法》第二十八条、《暂予监外执行规定》第二十三、二十四条之规定，决定由你监将罪犯陈□□予以收监执行。

---

[1] 参见《社区矫正实施办法》第 13 条。
[2] 参见贵州省监狱管理局：《暂予监外执行收监决定书》，黔狱刑收字［2016］第 005 号，载 http://www.gzjyj.gov.cn/zwgk/ywgk/83198.shtml，最后访问时间：2016 年 12 月 29 日。

2. 针对矫正情况的报告。社区矫正人员在矫正期间，要积极主动地将自己的矫正情况定期向司法行政机关报告。应当报告的情况包括遵守法律法规，参加学习和社区服务等相关方面。采用社区矫正人员主动报告的方式，就是要加强对矫正人员的监督和管理。如果社区矫正人员未按照规定进行报告，则应对其进行收监执行。

（三）社区矫正人员违反规定的情况

社区矫正人员在矫正期间，如果违反了相关管理规定，司法行政机关应根据违反规定的严重程度，决定是否对其进行收监执行。具体分为以下几种情形：

1. 社区矫正人员因违反相关法律法规的规定，而受到了治安管理处罚，经过执行机关警告两次后，仍然不进行改正，司法行政机关就要对其进行收监执行。如江苏省靖江市一罪犯孙某因犯容留他人吸毒罪被市中级人民法院判处有期徒刑1年2个月。判决生效后，孙某以患类风湿关节炎，生活不能自理为由申请暂予监外执行并获批。但检察人员在日常巡视检察中发现孙某在暂予监外执行期间，经常聚众赌博，甚至还被公安机关处理过，其所在的社区及当地派出所等单位均反映其日常表现不好。检察机关调查并核实孙某表现后认为不适宜对其暂予监外执行，并建议市中级人民法院对其作收监执行处理，市中级人民法院决定对孙某收监执行，投送监狱。[1]

2. 社区矫正人员在矫正期间，因学习和社区服务时长未达到8小时、擅自进入未经批准的特定区域以及违反了会客等方面的规定，经司法行政机关教育后仍不改正的，则需要对其进行收监执行。

3. 对县级司法行政机关要求作诊断、检查、鉴定的安排拒不配合，经警告仍不改正的就要对其进行收监执行。

（四）原保证人无法继续担保但又无法提供新的保证人

根据《暂予监外执行规定》的要求，罪犯需要保外就医的，应当向刑罚执行机关提出保证人，[2]但是，如果保证人在担保期间，因其自身特殊原因无法继续担保，或者是保证人未能按照要求履行保证人义务，导致无法起到

---

[1] 参见苏中在线记者："男子监外执行期间多次犯事 重新被收监"，载 http://news.jingjiang.com/? p=16975.

[2] 参见《暂予监外执行规定》第10条。

保证人作用的，或者因各种原因保证人不愿意继续为罪犯提供担保，但罪犯又无法在规定的时间，提出新的保证人进行担保的，就要对罪犯进行收监执行。如福建省福州市长乐区一罪犯冯某，在暂予监外执行期间由其兄担任保证人，但保证人并未及时为冯某进行治疗，也未督促冯某到医院复查病情和报告情况。虽经司法所多次责令改正，但其兄仍拒不履行保证人责任，并拒绝继续担任冯某的保证人，而冯某也未在1个月内提供新的保证人。因此，2015年9月13日，福建省监狱管理局作出收监决定，9月14日冯某被榕城监狱执行收监。[1]

保证人的主要作用在于对被保证人进行监督和帮助。由于基层司法行政机关的人员配置较少，对矫正人员的监管力量薄弱，如果再加上没有保证人的管束，就会导致罪犯处于无人约束的状态，从而不利于司法行政机关对罪犯进行有效的监督管理。因此，出现原保证人无法继续履行保证义务而罪犯又无法提供新的保证人的情况，就应当对其进行收监执行。

第二节　暂予监外执行收监程序

若罪犯在社区矫正中出现的应当收监的情形，司法行政机关就应当按照法律规定的程序对其进行收监执行。暂予监外执行的收监程序包括提请程序、决定程序和执行程序三个方面。

一、收监执行的提请程序

暂予监外执行收监程序的启动分为司法行政机关提请和检察机关提出收监执行的检察意见两种方式。

（一）司法行政机关的提请程序

根据《刑事诉讼法》第269条的规定，暂予监外执行人员应依法到社区矫正机构进行矫正。在司法实践中，社区矫正工作由司法局和司法所负责，对暂予监外执行人员在社区的矫正情况进行管理。司法行政机关在日常管理中，如果发现社区矫正人员出现了符合暂予监外执行收监条件的情形，就应当按照程序对其进行收监。

---

[1] 参见郑敏："我市首例因保证人不履行义务的暂予监外执行人员被收监"，载http://mt.sohu.com/20160922/n468980473.shtml，最后访问时间：2019年8月22日。

司法所发现社区矫正人员出现符合暂予监外执行收监条件的情形,应当在1个月内,收集整理社区矫正人员不符合暂予监外执行条件的有关证据或违反社区矫正监督管理规定的证据、日常行为奖惩记录、司法所工作人员和社区志愿者的走访谈话笔录、社区矫正奖惩工作专题讨论记录等材料,然后制作收监执行建议书,向县级司法行政机关(县司法局)提交收监执行建议书和相关证明材料。由此,启动暂予监外执行人员社区矫正收监执行的提请程序。

县级司法行政机关应在收到司法所提交的收监执行建议书和相关证明材料之日起3个工作日内进行审核。审核结果分为以下三种情况进行处理:

1. 同意司法所提请的收监建议。县级司法行政机关对暂予监外执行情形消失且刑期未满的社区服刑人员提请收监执行的,应当对县级以上医院的诊断检查和鉴别意见等有关证明材料进行审核;属于保外就医的,应当对省级人民政府指定的医院作出的病情鉴定意见、矫正小组的意见等进行集体评议,决定是否提出依法收监执行建议。同时,还要将罪犯不计入执行刑期的情况在收监执行建议书中进行说明,并附有关证明材料。司法局通过对司法所提交的证明材料进行审核同意提请收监的,应在3个工作日内向原决定机关送达收监执行建议书并附相关证明材料。收监执行建议书如下所示:

收监执行建议书

( )字第 号

社区矫正人员 ,男(女), 年 月 日出生, 族,

罪经 人民法院于 年 月 日以( ) 字第 号刑事判决书判处 ,附加 ,刑期自 年 月 日起至 年 月 日止。年 月 日由 人民法院(公安局、监狱管理局)决定(批准)暂予监外执行。在暂予监外执行期间,依法实行社区矫正。社区矫正期限自 年 月 日至 年 月 日。

该社区矫正人员有违反法律(行政法规、社区矫正监督管理规定)居住地,户籍地。因 的行为,具体事实如下:

根据《中华人民共和国刑事诉讼法》第二百五十七条、《社区矫正实施办法》第二十六条之规定,建议对社区矫正人员 收监执行刑罚。

此致

人民法院(公安局、监狱管理局)

(公章)

年 月 日

注:抄送 人民检察院,公安(分)局。

对原来由人民法院决定暂予监外执行的，县司法局向原人民法院送达收监执行建议书及相关材料；对原由公安机关决定暂予监外执行的，县司法局将收监执行建议书及相关材料送达设区的市一级以上公安机关；对于由监狱机关作出决定的，县司法局将收监执行建议书以及相关材料送达省级监狱管理局。最后分别由暂予监外执行原决定机关进行决定。

同时，县司法局还应当将收监执行建议书抄送给社区矫正人员居住地同级人民检察院和公安机关。人民检察院认为提请收监执行建议不当的，应及时提出检察建议。

2. 司法局对司法所提供的材料进行审核，发现材料不全的，应当通知司法所及时补齐所需的相关证明材料，司法所无法提供补充材料或者提供的材料仍然不全的，县司法局作出不予批准提请的决定。那么，暂予监外执行的收监程序也就无法启动。

3. 不予批准提请的收监建议。县司法局通过对司法所提供的收监材料进行审核，认为社区矫正人员未达到收监执行的条件，则直接作出不予批准的决定。

（二）检察机关通过检察建议启动提请程序

根据我国《刑事诉讼法》的规定，检察机关负责对暂予监外执行进行同步监督，其中包括对暂予监外执行人员在社区矫正的情况进行监督。如果检察机关在监督过程中，发现存在应当收监而又未进行收监执行的情况，人民检察院应提出收监执行的检察建议，由原决定机关根据收监条件进行决定和执行。如罪犯周某因犯交通肇事罪，2015年6月被株洲市芦淞区人民法院判处有期徒刑3年6个月。但因其患有严重疾病，该法院对周某作出了暂予监外执行的决定。2016年10月27日，经株洲市中心医院鉴定，罪犯周某的病情已不符合保外就医严重疾病范围的相关条款。石峰区人民检察院在日常检察中发现这一情况后，于2016年11月2日，对石峰区司法局发出检察建议书，建议依法启动收监程序，同时联系芦淞区人民法院、株洲市公安局石峰分局、响石岭派出所协助配合办理相关手续并全程跟踪监督，确保收监执行到位，罪犯周某于2017年1月16日被依法收监执行。[1]

---

[1] 参见李丹山等："株洲市石峰区一名暂予监外执行人员被依法收监"，载 http://hunan.voc.com.cn/article/201701/201701181805337711.html。

二、收监执行的决定程序

收监执行的决定由原决定暂予监外执行的机关负责,即由人民法院、监狱管理机关或者公安机关作出收监决定。

(一) 人民法院收监执行的决定程序

对于人民法院决定暂予监外执行的罪犯应当予以收监的,由人民法院作出决定,人民法院收到司法行政机关的收监执行建议后,首先对提交的材料进行审核,这些材料包括收监执行建议书、收监执行审核表、接受矫正期间历次受惩处的法律文书以及违反法律法规、监督管理规定或者暂予监外执行情形消失的证明材料,适用社区矫正的判决书、裁定书、决定书和执行通知书等法律文书复印件以及其他相关材料。经审核,认为材料齐备的,应当依法受理;如果材料不齐备的,应当通知居住地县级司法行政机关补充。

人民法院根据县司法局报送的材料和罪犯的具体情况决定是否收监,人民法院认为罪犯符合暂予监外执行收监条件的,应当作出收监决定。同时,将收监执行决定书送达刑罚执行机关。如2015年11月16日,安徽省安庆市一罪犯赵某在暂予监外执行期间因为堕胎,暂予监外执行情形消失,安徽省安庆市中级人民法院对赵某某进行收监执行。[1]收监执行决定书如下所示:

安徽省安庆市中级人民法院
收 监 执 行 决 定 书

(2015) 宣刑执字第02042号

罪犯赵某某,女,1990年3月28日出生于安徽省安庆市,汉族,中专文化,无业,户籍地浙江省台州市,住安庆市迎江区,现暂予监外执行。

本院于二〇一五年七月七日作出了(2015)宣刑初字第00018号刑事判决,以贩卖毒品罪判处罪犯赵某某有期徒刑一年六个月(已羁押10日)。因罪犯赵某某怀孕,本院于二〇一五年八月四日决定对其暂予监外执行。在暂予监外执行期间,罪犯赵某某于二〇一五年十月五日在安庆市第二人民医院进行了引产堕胎手术,十月九日出院。罪犯赵某某堕胎后,暂予监外执行的情形消失,且刑期未满,应当及时收监。依照《中华人民共和国刑事诉讼法》第二百五十七条第一款第(三)项、《最高人民法院关于适用〈中华人民共和国刑事诉讼法〉的解释》第四百二十三条第一款第(六)项、第二款之规定,决定将罪犯赵某某收监执行。

(收监执行期限自2015年11月17日至2017年1月24日止。)

二〇一五年十一月十六日

---

〔1〕 参见"安徽省安庆市中级人民法院收监执行决定书",载http://www.lvban365.com/falvwenshu/xingshianjian/1037561.shtml.

(二) 监狱管理机关收监执行的决定程序

批准暂予监外执行的监狱管理局收到县级司法行政机关提出的收监执行建议书和相关材料后进行审查。发现司法行政机关提交的材料不齐的应当通知其及时补齐。如果司法行政机关提交的材料齐全，监狱管理局应当召开局长办公会议或专题会进行研究，并在15日内作出是否收监的决定，对于决定收监执行的，应制作《暂予监外执行收监执行决定书》，决定书如下所示：

暂予监外执行收监执行决定书

浙监刑罚〔2019〕8号

浙江省临海监狱罪犯齐某某，男，1977年5月29日出生，汉族，住浙江省仙居县。因贩卖毒品、开设赌场罪于2015年11月13日被仙居县人民法院以（2015）台仙刑初字第358号刑事判决书判处有期徒刑十七年十个月，剥夺政治权利三年，没收财产人民币十五万元，罚金人民币二万元。刑期自2016年1月1日起至2033年10月31日止。由我局批准自2018年2月13日起暂予监外执行。

该犯在暂予监外执行期间，因病情基本好转，暂予监外执行情形消失，刑期未满，应当收监执行。

根据《刑事诉讼法》第二百六十八条、《暂予监外执行规定》第二十三、二十四条之规定，我局决定对罪犯齐福明收监执行。

浙江省监狱管理局
2019年3月11日

同时，将《暂予监外执行收监执行决定书》送达罪犯居住地司法局、原服刑监狱，并抄送同级人民检察院、公安机关和原判人民法院。

(三) 公安机关收监执行的决定程序

原作出暂予监外执行决定的公安机关（设区的市一级以上公安机关）收到县级司法行政机关的收监执行建议书后，在15日内作出是否收监的决定。公安机关认为罪犯符合收监条件的，应当依法作出裁定或者决定。同时，将暂予监外执行收监执行裁定书、执行通知书、结案登记表等材料送达县司法局,并同时抄送罪犯居住地县级人民检察院。

需要说明的是,无论是人民法院、监狱管理机关还是公安机关,对于暂予监外执行人员脱逃的,不影响收监执行案件的决定。

三、收监执行的执行程序

根据我国《社区矫正实施办法》等法律法规的规定,对暂予监外执行罪犯进行收监执行的执行程序存在以下三种情况:

(一)人民法院收监执行程序

如果是由人民法院决定收监执行的,则由公安机关负责将罪犯押送到居住地的看守所或者监狱服刑,并送达收监执行的法律文书,县级司法行政机关予以协助。在收监执行中,究竟是把罪犯送到监狱还是公安机关,则根据罪犯的剩余刑期来决定。对于剩余刑期在 3 个月以下的,由公安机关送交看守所收监执行;对于剩余刑期在 3 个月以上的,则由公安机关送交监狱收监执行。

(二)监狱管理机关收监执行程序

如果是由监狱管理机关作出收监执行决定的,就应当由罪犯原来服刑的监狱或者是接收罪犯档案的监狱负责收监执行。当罪犯原服刑的监狱收到《暂予监外执行收监执行决定书》后,就要立即到罪犯羁押地对罪犯进行收监执行。收监执行的监狱完成收监后,应当把完成情况向作出决定的监狱管理机关报告。同时,还要告知罪犯居住地的县级人民检察院和原判人民法院。

在暂予监外执行收监过程中,出现罪犯在逃、刑期已满或者死亡等特殊情形时,应当分别处理。如果罪犯在逃,则由罪犯居住地的县级司法行政机关通知罪犯居住地县级公安机关负责对其进行追捕;如果罪犯原判刑期即将届满,则由监狱根据县司法局的书面通知,按期办理刑满释放手续;如果罪犯在执行期间死亡的,县级司法行政机关应当自发现其死亡之日起 5 日内,以书面的方式通知批准暂予监外执行的监狱管理机关,并将死亡证明材料送达罪犯原服刑监狱,同时抄送罪犯居住地同级人民检察院。

(三)公安机关收监执行程序

如果是由公安机关作出收监执行决定的,则应当由罪犯居住地的看守所负责对罪犯进行收监执行。在收监执行过程中,承担收监执行任务的看守所,应当组织两名以上的警察执行收监任务。看守所将罪犯收监执行后,需将收监执行的情况向作出暂予监外执行决定的公安机关报告，并告知罪犯居住地县级人民检察院和原判人民法院。从而，实现决定机关与刑罚执行机关在收监执行环节的信息互通和无缝对接。

四、收监执行制度的困境

在暂予监外执行的收监过程中，还存在收监的相关规定不清晰、收监执行难等问题。

（一）对收监执行标准的规定不明确

《社区矫正实施办法》对"情节严重""严重违反""仍不改正"以及"脱离监管，超过一个月"期限的起算标准等都没有明确的界定。究竟如何判断是否属于情节严重，什么情况属于严重违反，何种情况属于仍不改正，是再犯就认定为仍不改正还是多次才属于仍不改正，有关法律法规对这些问题都没有明确的规定，导致执法人员在具体的执法过程中，只能根据自己的理解或经验来进行判断。由于标准不统一，就会出现同一个问题有不同的处理方式和处理结果，将会影响暂予监外执行制度的实施效果。

（二）异地收监裁决慢和收监困难

根据《社区矫正实施办法》第 26 条的规定，社区矫正人员的收监执行，由居住地县级司法行政机关向原批准、决定机关提出收监建议。但我国贫困地区人员在发达地区务工期间发生盗窃等轻刑案件的数量比较多，因此，罪犯需返回原籍居住地入矫的情况比较普遍。由于在提请收监过程中，社区矫正机关与原判人民法院不在同一个省市或者虽在同一省市但不在同一个辖区内，有的区域跨度较大，导致有关证据收集、证据补充等方面的法律资料只能通过书信邮寄送达，也因此案件办理的效率较低。

此外，对"居住地"的认定标准没有统一规定，各个地方的差异性也比较大。如上海市规定，拥有自住住房或连续居住 1 年以上或签订 1 年以上劳动合同所在地可认定为居住地；福建省规定要在当地租用房子，已连续居住 6 个月以上，并能出具与产权人签订继续租赁 1 年以上合同的，可认定为居住地；北京市规定合法租赁且剩余租期在 6 个月以上的住所地视为居住地。[1]

---

[1] 参见肖乾利、杨发成："社区服刑人员收监执行问题研究"，载《宜宾学院学报》2016 年第 9 期。

从以上各地的规定可以看出，每个省市对居住地的理解是不同的，因而规定也不尽相同，这样就容易造成两地司法行政机关因理解上的差异而产生意见分歧，在异地法院的收监裁定下达后，由于执行机关不确定，应将罪犯送交社区矫正地看守所执行还是移交原执行机关执行存在疑惑甚至会出现推诿现象，造成收监执行困难。

此外，司法机关之间的配合不顺畅，法院或刑罚执行机关出于羁押成本和风险等方面的考虑，在罪犯交付等方面有所懈怠等，[1]也是造成刑罚执行机关收监困难的原因。

（三）刑罚执行机关对有生命危险的罪犯收监积极性不高

实践中，对在监狱、看守所死亡罪犯的处理，往往存在程序上、实体上无所适从的情况。[2]笔者在C市调研中了解到，对于那些身患严重疾病而且随时有生命危险的罪犯，监狱或看守所的收监积极性不高，一般是采取"能推就推、能不收的则尽量不收"的办法来处理。其主要原因是这类罪犯一旦在刑罚执行场所内出现死亡的情况，监狱或看守所一方面要支付较高的赔偿，另一方面还要面对罪犯家属的纠缠或上访等，而且还可能引起社会的舆论指责。因此，监狱或看守所对收监这些罪犯持消极态度。

第三节 暂予监外执行收监制度的完善

暂予监外执行的收监制度在实施的过程中，还存在一些需要解决的问题，应从以下几个方面进行完善：

一、完善收监执行的相关规定

（一）对相关规定进行明确

为了解决在实践中存在的部分规定不清晰等问题，需要对规定进行明确和细化。对"情节严重"和"仍不改正"等模糊性规定进行明确。比如规定在暂予监外执行中，矫正人员抗拒社区矫正机构的监管，采用非法途径逃匿

---

[1] 参见徐少飞："审前未羁押罪犯判实刑后收监执行难问题及对策研究——以G市为样本建立'1+4'消化保障体系"，载《中国检察官》2016年第5期。

[2] 参见王萍："浅析严重疾病罪犯收监执行难问题"，http://sxlfzy.chinacourt.org/article/detail/2015/02/id/1552063.shtml。

或者是在社区矫正期间违法犯罪等，就应当认为属于情节严重。明确有关机关审查裁定的期限，增强收监条件的可操作性。同时，取消"协助、会同"等不确定性用语，明确各机关的职责。[1]当某一环节出现问题时，就可以明确责任主体，减少工作中的相互推诿现象。从而，确保收监执行工作落到实处。

（二）完善罪犯人身危险性调查评估工作的规定

为了避免罪犯与户口分离造成的漏管情况，立法需要进一步规范调查评估工作，准确适用居住地管辖规定。刑罚执行机关应当核实罪犯的居住地并详实记录，县级司法行政机关若发现其不在本辖区居住的，应及时书面说明原因。委托机关对社区影响评估意见有异议的，可自行进行调查，在对居住地进行审查后作出裁决。

二、确立就近执行原则

为进一步降低罪犯在交付执行中的风险，节约司法成本和提高效率，在收监执行中应确立"就近提请、裁定和收监"的原则。[2]采用就近执行的方式，有利于解决收监执行中出现的异地提请沟通难、审查裁定慢和收监押送风险大等问题。

根据笔者在C市的调研情况来看，原判法院属市辖区内的，相关司法机关或部门之间对证据材料的认定标准及相关材料的补充和采用一般都能顺利地达成共识，也能较快地对提请建议进行审查和作出裁决，对罪犯的收监执行也比较顺利。

因此，在收监执行中，一是建议将异地法院裁定收监改为由"社区矫正地法院"裁定收监，具体由居住地县级司法行政机关向同级人民法院提请暂予监外执行；二是对罪犯作出收监执行的决定后，建议不再将罪犯送交原执行机关执行，而是及时送交看守所进行收监执行。

同时，将收监执行相关的法律文书等材料向原作出决定的司法机关进行通报，便于其及时掌握罪犯的动态，使各司法机关之间能够保持信息畅通和

---

[1] 参见肖乾利、杨发成："社区服刑人员收监执行问题研究"，载《宜宾学院学报》2016年第9期。

[2] 参见朱鹏："社区矫正人员收监执行检察监督的强化路径"，载《人民检察》2015年第20期。

信息共享。

三、完善收监执行的适用范围

根据《社区矫正实施办法》等法律文件的规定，暂予监外执行的罪犯出现了法定的收监情形，司法机关就要按照规定对其进行收监。但现有的收监执行条件没有考虑到司法实践中的特殊情况。因此，应在现有规定的基础上，适当扩大收监执行的适用范围。

根据《刑事诉讼法》等法律的规定，罪犯因身患严重疾病需要保外就医的，在社区矫正期间能接受更好的治疗以及得到亲友的照顾。但是，在司法实践中，如果罪犯在监外由于各种原因，无法得到更好的治疗或更贴心的照料时，刑罚执行机关应如何抉择，是放任不管还是收监执行？尤其是对那些因经济困难无法继续就医而主动要求监狱收监等特殊情况，究竟应该如何处理，这已经成为司法实践中必须面对的现实问题。

从保护罪犯合法权益和人权保障的角度考虑，罪犯保外就医后，若家庭经济特别困难或者无法得到亲友的帮助，导致无法继续接受治疗的，刑罚执行机关应当对其进行收监执行。这是收监执行中比较特殊的一种情况，这种情形下的收监更多的是体现对罪犯的一种帮助。因为这类罪犯在监外既得到不到有效的治疗，甚至连基本的生活都维持不了，更谈不上进行积极的改造。

因此，针对这类非常特殊的罪犯，应该由刑罚执行机关对其收监执行，在疾病的治疗等方面给予其必要的帮助，这也是刑罚执行人性化的另外一种体现，也有利于维护社会的安全和稳定。

四、完善暂予监外执行收监机制

（一）增设罪犯主动回监制度

根据《社区矫正实施办法》的规定，目前，对罪犯的收监都是由刑罚执行机关通过强制力的方式进行，这种执行方式需要耗费大量的人力、物力和财力。为了提高收监执行的效率，降低收监执行的成本以及风险。可以考虑在现有收监执行方式的基础上，增加罪犯主动回监制度。比如，当罪犯暂予监外执行的情形消失后，应在3日内自己主动到原刑罚执行机关报到，继续执行剩余的刑期。

要有效实施罪犯主动回监制度，必须首先解决好以下几个方面的问题：

一是通过建立奖惩机制调动罪犯主动回监的积极性和主动性。从人性的角度来讲，人在作出某个决定或者选择时，都是趋利避害的。要想让罪犯自主动地回到监禁场所执行刑罚，就必须给罪犯一定形式的鼓励。比如可以利用对罪犯实施计分考核的办法，对于主动回监的罪犯以加分等方式进行鼓励。二是应当将暂予监外执行消失的情形告知罪犯，让罪犯清晰地知道自己在什么情况下应当被收监执行，并且告知其要在暂予监外执行情形消失后的3日内主动回监。三是监狱、公安机关、社区矫正机构以及检察机关要形成联动机制，为罪犯主动回监创造条件。

（二）完善收监衔接配合机制

收监执行的衔接配合机制主要是指相关司法机关在罪犯收监执行过程中，要加强相互配合、协调，防止相互推诿的现象，确保收监制度的有效实施。收监衔接配合机制主要包括以下三个方面的内容：

1. 在罪犯收押环节的配合。罪犯被人民法院或者监狱、公安机关决定收监执行后，应分不同的情况进行收监。一般而言，主要涉及人民法院、刑罚执行机关之间的衔接配合。如果是人民法院决定的，则由县司法局负责将罪犯送交刑罚执行机关。但是，需要公安机关对罪犯的押送进行协助，这就涉及县级司法行政机关与公安机关之间的协调配合。根据我国法律规定，司法行政机关并没有专门配置警察力量。因此，仅仅依靠县级司法行政机关的力量对罪犯进行押送，将会存在较大的风险。所以，在此环节需要公安机关参与配合执行，对于由监狱或公安机关决定收监的，同样需要县级司法行政机关与监狱或公安机关之间以及系统内部之间的衔接配合。

2. 相关资料的交接配合。决定或批准机关对暂予监外执行的罪犯作出收监决定后，社区矫正机构要将收监执行决定书、执行通知书、原判决书、裁定书、结案登记表和社区矫正期间的表现等所有材料，及时移交给看守所或者监狱，便于收监执行的机关及时掌握罪犯的情况，一定要避免人到材料迟迟未到的情况。同时，也要防止资料在交接过程中丢失。因此，在资料交接过程中，还要设置相应的签收确认程序。

3. 对特殊情况的衔接配合。在收监执行过程中，如果发现被决定收监的罪犯出现在逃等特殊情况，相关司法机关需要紧密配合。即当社区矫正机构收到决定机关的收监决定后，发现罪犯在逃的要立即将情况通报给县级公安机关，由公安机关组织力量对在逃罪犯进行追捕。

(三) 明确强制措施的执行主体和方法

暂予监外执行人员在社区矫正的过程中，一旦出现矫正人员脱离监管，而社区矫正机构也无法知晓其去向的情况，就应该立即组织对其进行追查。根据《社区矫正实施办法》第19条的规定，如果社区矫正人员脱离监管的，司法所应当及时报告县级司法行政机关组织追查。[1]但《暂予监外执行规定》第25条规定，由罪犯居住地县级公安机关负责追捕。[2]两个法规对此情况的规定不一致，导致在实践中容易出现相互推诿的现象。因此，应当明确追捕逃脱罪犯的责任主体。

从"追逃"或"追捕"的性质来说，应该属于刑事强制权。但根据我国法律的规定，司法行政机关的工作人员不具有警察身份，不具有追捕罪犯的权力。因此，应当将追捕在逃罪犯的责任交由公安机关承担，司法行政机关予以协助，只有这样，才能确保收监执行的效果。

对社区矫正人员脱逃，下落不明需要网上追逃的，公安机关在追捕的过程中可以采取两种方式：一是罪犯已符合收监执行的法定条件，但在决定机关作出收监决定之前，罪犯知晓自己可能要被收监执行，而采取各种途径进行逃匿，防止被刑罚执行机关收监服刑。针对这种情况，公安机关可以依据批准、决定机关出具的《暂予监外执行收监执行决定书》，进行网上追逃。二是在裁定收监之后，罪犯脱逃的，决定机关可以下达《逮捕决定书》，再由公安机关上网对罪犯进行追逃。

---

[1] 参见《社区矫正实施办法》第19条。
[2] 参见《暂予监外执行规定》第25条。

第七章
暂予监外执行的检察监督制度

检察机关作为法定的监督机关,负责对刑罚执行机关的合法性进行监督。2012年修改后的《刑事诉讼法》,将检察机关对暂予监外执行的监督由原来的事后监督改为同步监督。近年来,我国检察机关不断加大对刑罚执行的监督力度,但在刑罚执行过程中还存在大量执行不当等违法现象。检察机关在对暂予监外执行的检察监督中,还存在诸如监督立法不完善、监督过程不规范和监督效果不理想等问题。因此,无论是从立法还是司法实践的角度来看,都需要进一步加强和完善对暂予监外执行的监督,增强检察机关对暂予监外执行监督的效果。

第一节 暂予监外执行检察监督机制

检察机关作为我国的法律监督机关,在暂予监外执行中承担监督责任。暂予监外执行制度的检察监督主要是为了防止执行不当,确保刑罚执行机关严格按照《刑事诉讼法》和《暂予监外执行规定》等法律法规执行刑罚。

一、检察监督的理论基础

根据《宪法》第134条[1]、2018年《刑事诉讼法》第8条的规定,[2]由检察机关负责对暂予监外执行进行检察监督,其正当性理论依据主要体现在以下三个方面:

(一)权力制衡理论

不受制约的权力存在,意味着法律制度的欠缺与漏洞。[3]法律监督就是

---

[1] 参见《宪法》第134条。
[2] 参见2018年《刑事诉讼法》第8条。
[3] 参见田凯主编:《执行监督论》,中国检察出版社2010年版,第72页。

分权制衡思想的具体体现。只要是权力,就有滥用的可能。因此,权力扩张到哪里,法律监督就应该跟到哪里。[1]习近平总书记曾指出:"把权力关进制度的笼子里",实际上就是要加强对权力运行的制约和监督。

检察机关对暂予监外执行进行检察监督,就是要让刑罚执行机关的权力在法律规定的轨道内运行。通过检察监督,对那些不符合暂予监外执行条件的罪犯以及刑罚执行机关在执法中出现的徇私舞弊等现象,及时提出检察意见。从而,预防和减少在暂予监外执行中发生司法腐败行为。

(二) 权利保障理论

2004年我国把"国家尊重和保障人权"写入《宪法》之中,2012年我国把"尊重和保障人权"正式写入了新修改的《刑事诉讼法》中,充分体现了在刑事诉讼中保障人权的思想。

刑事诉讼中的人权保障主要体现在四个方面:一是保障犯罪嫌疑人或被告人在整个刑事诉讼中受到公正的待遇;二是保障自诉人、被害人等其他诉讼参与人的诉讼权利和合法权利;三是保障被依法认定为有罪的被告人受到公正的、人道的刑罚处罚;四是保障个人免受无规矩的或者是非法的刑事追究。[2]

美国著名法学家罗纳德·德沃金曾说过,不能够认真地看待权利,就不能够认真地看待法律;要认真地看待法律,就必须认真地看待权利。[3]认真地对待权利,就要保障罪犯的合法权利不受侵害。从理论上讲,一个人的权利受到侵害时,他就应当主张权利,抵抗侵害者。[4]但在拥有强大公权力的审判机关或者刑罚执行机关面前,罪犯的对抗力量是非常有限的。

为了保障罪犯的合法权利在暂予监外执行中不受非法侵害,除罪犯自身主张有限的权利外,更多的需要检察机关的干预。只有通过检察机关行使监督权,才能对抗刑罚执行机关侵害罪犯合法权利的行为。从而,保护罪犯的合法权利。

---

[1] 参见胡亚球、陈迎:"论行政自由裁量权的司法控制",载《法商研究》2001年第4期。
[2] 参见孙长永主编:《刑事诉讼法学》,法律出版社2012年版,第31页。
[3] 参见[美]罗纳德·德沃金:《认真对待权利》,信春鹰、吴玉章译,中国大百科全书出版社1998年版,第251页。
[4] 参见[德]鲁道夫·冯·耶林:《为权利而斗争》,郑永流译,法律出版社2012年版,第10页。

(三) 程序正义理论

程序正义理论是从检察监督的程序性目的的角度进行论证，即为什么要坚持程序正义。监督的目的是实现合法、公正和公平。现代法治国家越来越重视实体公正与程序公正的动态平衡。

在刑罚执行阶段，人们除关心刑罚处罚的结果外，也同样关心执行过程的正当性。而检察监督具有的效果之一便是消除人们的程序性疑虑。[1]检察机关主要是通过对刑罚执行中的违法行为提出检察意见的方式，督促其进行核查或纠正。

在暂予监外执行中，检察机关不仅要对暂予监外执行的审批与决定程序进行监督，也要对保外就医的鉴定、罪犯的社区矫正情况以及收监执行程序进行全程监督。如果执法人员在刑罚执行过程中未遵守法律规定，出现暂予监外执行不当等违反法律规定的行为时，检察机关就可以行使监督权，督促执法人员对执行不当以及违法行为进行纠正。

因此，通过检察机关对暂予监外执行的监督，既加强了对刑罚执行机关的监督，也保护了暂予监外执行罪犯的合法权益。

二、检察监督的内容

2012年《刑事诉讼法》修改后，将检察机关对暂予监外执行监督的范围进行扩张，即进行同步监督，这将进一步加强检察机关对暂予监外执行的监督力度。在暂予监外执行中，检察机关主要是对法院、监狱或公安机关作出的暂予监外执行决定以及司法行政机关对社区矫正人员的监管是否符合法律规定等方面进行监督。

(一) 立法规定

检察机关对暂予监外执行的监督主要体现在《刑事诉讼法》等相关法律条文中。如2012年《刑事诉讼法》第255条规定，刑罚执行机关提出对罪犯进行暂予监外执行的，就必须将决定的书面意见的副本抄送人民检察院；[2]第256条进一步规定检察机关如何对决定机关进行检察监督。[3]

---

[1] 参见朱孝清："论诉讼监督"，载《国家检察官学院学报》2011年第5期。
[2] 参见2012年《刑事诉讼法》第255条，即2018年《刑事诉讼法》第266条。
[3] 参见2012年《刑事诉讼法》第256条，即2018年《刑事诉讼法》第267条。

为了与《刑事诉讼法》的规定保持一致，2012年修订后的《监狱法》第26条也对此作了相同的规定。这些法律条文对检察机关如何行使暂予监外执行的监督权进行了明确的规定，有利于检察监督活动的顺利进行。

2016年10月1日起实施的《监狱暂予监外执行程序规定》第10条规定，人民检察院可以派员对罪犯的病情诊断、妊娠检查和生活不能自理鉴别工作进行监督；[1]第16条规定监狱暂予监外执行评审委员对提请的暂予监外执行意见进行评审时，可以邀请人民检察院派员列席；[2]但这里使用的是"可以"而不是带有强制性的"应当"，也就是说是否要邀请检察机关出席是由监狱管理机关自行决定的。

从以上法律法规的规定可以看出，由于立法还不够全面，检察监督主要是对暂予监外执行的提出和决定环节进行监督，没有对病情鉴定、社区矫正和收监环节的检察监督作出明确规定。因此，暂予监外执行缺乏事前和事后的同步监督，这是立法上一个疏漏或遗憾。

（二）检察监督存在的问题

近年来，从媒体频频曝光的违法保外就医案件中可以发现，事实上大部分的保外就医是经过检察部门签署意见的，但不管是事前监督或者是事后监督，均没有发挥应有的效果，其主要原因是没有进行实质性的监督，检察监督仅仅停留在书面上或形式上，多数情况下都是因为保外就医的罪犯重新犯罪造成严重的后果后，才暴露出其中的问题，而检察机关事先不能主动发现线索进行监督。所谓实质性监督就是对鉴定结论的真实性、鉴定结论是否符合《保外就医严重疾病范围》的要求和条件以及暂予监外执行背后是否存在钱权交易关系进行监督。总体来讲，检察监督存在的问题主要表现在以下几个方面：

1. 同步检察监督的规定不完善。虽然在2012年《刑事诉讼法》中，加强了对暂予监外执行的检察监督力度，但在法律条文中没有对同步检察监督进行明确界定，导致在刑事诉讼程序上的不严密。"同步监督"在范围界定上存在局限性，因此，这里的"同步监督"仍不是完整意义上的同步监督。从法律条文中也可以看出，在罪犯申请保外就医的鉴定环节以及罪犯在社区接

---

[1] 参见《监狱暂予监外执行程序规定》第10条。
[2] 参见《监狱暂予监外执行程序规定》第16条。

受矫正的情况和收监执行程序中都没有明确规定检察监督的程序。笔者从2016年11月在C市S区的调研中了解到,检察机关对暂予监外执行的监督,一般是通过参加刑罚执行机关牵头召开的会议,在会上发表检察意见的方式进行的,大多数情况都没有深入到各个环节进行实质性的监督。

2. 暂予监外执行事前、事中的检察监督乏力。检察机关对拟暂予监外执行罪犯在监管场所的基本情况并没有进行实质性的调查。检察人员缺少对罪犯基本情况的了解,仅仅对监狱、看守所抄送的暂予监外执行书面意见及相关材料进行审查,难以真正起到事前监督应该达到的效果。

笔者在调研中发现,C市S区法院决定暂予监外执行的案件,均是在决定作出后将暂予监外执行的决定抄送人民检察院。在司法实践中,罪犯的病残、孕检鉴定环节,检察机关未参与其中。保外就医的鉴定通常是由监狱干警带押,驻监检察人员一般未参与。因此,罪犯的病情鉴定环节基本上是在刑罚执行机关封闭的环境中进行,这也是出现非法保外就医的重要原因之一。

3. 法医参与的缺位。由于人民检察院驻监检察室通常都没有配备专门的法医,没有医学专业背景的检察人员是很难根据医院出具的证明文件来判断罪犯是否属于严重疾病的范围。因为省级人民政府指定的社会医院出具的诊断证明从性质上讲只是一种医学证明,该证明仅仅对疾病的性质、病名、严重程度作出诊断,严格意义上不属于司法鉴定结论。

因此,医院出具的诊断证明只有经过司法机关认证后才能直接采用,此程序需要司法人员运用专业技术进行判断和鉴别,如果法医缺位,一般检察机关的干警即使知晓病名,也难以弄清该病的性质、诊疗手段以及严重程度。从而无法明确该罪犯是否达到了"生活不能自理、失去代偿功能、丧失劳动能力、久治不愈以及明显功能障碍"等标准。

4. 违法行为难以发现。罪犯或者其家属与干警之间在隐秘状态下完成的徇私舞弊和钱权交易行为,只有当事人心知肚明,其证据难以收集和掌握。尤其是鉴定结论的真实性和合法性问题往往很难查清,唯一的办法就是重新鉴定。但由于《刑事诉讼法》未赋予检察机关重新鉴定权,即使检察机关发现罪犯不符合暂予监外执行的条件或认为暂予监外执行不当,怀疑其中可能掺杂人情关系,也只能提出意见而难以立案。

5. 对社区矫正的检察监督方式单一。据笔者调研发现,检察机关对暂予监外执行人员在社区矫正情况的监督，一般采取核对信息、定期检查与定期走访的检察监督方式。但是，这种定期检察监督的效果并不理想。在实践中，造成矫正人员脱管的现象与司法所要求定期提交思想汇报、提交病历资料的工作方式和检察机关定期监督的方式有一定的关系。这种"定期模式"正好给矫正人员创造了脱管的机会。这也反映出检察机关对社区矫正情况的监督方式较为单一。

三、检察监督的方式

根据我国《暂予监外执行规定》和《人民检察院刑事诉讼规则》等法律法规的规定，检察机关对刑罚执行的监督方式主要包括口头纠正意见、检察建议书和纠正违法通知书三种。口头纠正意见一般是针对刑罚执行机关在刑罚执行过程中，出现的轻微违法行为。检察建议书一般是针对暂予监外执行不当的情形，即如果检察机关认为决定或批准机关作出的暂予监外执行的决定不符合相关法律规定以及发现应当收监而未收监的情形时，向决定或批准机关提出检察建议。纠正违法通知书一般是在刑罚执行机关出现比较严重的违法行为时使用。

我国对暂予监外执行的检察监督主要采取书面化的方式进行审查监督。由于立法规定的不完善以及检察资源有限，检察机关不能全面介入到罪犯的病情鉴定等环节中去。在司法实践中，一些不负责任的检察人员不认真进行审查，只是流于表面，通常情况下只是对罪犯的妊娠检查、病情鉴定、生活不能自理的鉴定、哺乳婴儿证明等刑罚执行机关抄送的材料进行形式审查。由于检察人员未对暂予监外执行的各个环节进行实质性的参与监督，仅通过书面材料无法对罪犯所患疾病的情况、鉴定结论的真实性和合法性等方面作出准确的判断。因此，单纯依靠书面检察监督，其监督效果非常有限。

此外，驻所检察机构在监督的过程中，存在对信息的获取还不太全面，信息获取的渠道比较单一等问题。据笔者在C市S区的调研，驻所检察机构大多数都依赖刑罚执行机关提供的材料来了解罪犯的情况，而且关注的重点在于罪犯的悔罪表现等方面，对罪犯身体情况的关注度不够。在实践中有些罪犯的身体状况、疾病类型等情形虽然符合保外就医的条件，但是一些潜在的问题不易被发现也不易被重视，如果驻监检察人员对这些信息不重视也不进行核查，就很容易导致一些安全问题，如耽误罪犯治疗，严重的可能使罪犯暴毙于监管场所。因此，检察监督的方式还应当进一步完善。

四、检察监督的程序

科学合理的监督程序有利于检察机关在对暂予监外执行的监督过程中发挥积极作用，确保检察监督的效果。检察监督程序规定的主要依据是《人民检察院监外执行检察办法》等相关法规，对暂予监外执行的检察监督程序主要包括以下几个方面：

（一）根据不同情况提出检察意见

在检察监督中，检察机关对暂予监外执行情况的监督，一般是根据违法的严重程度不同，按照不同的监督程序进行处理。如属于轻微的违法情况，则提出口头纠正意见，及时向监所检察部门负责人报告，填写《检察纠正违法情况登记表》。

检察纠正违法情况登记表

发生违法的单位	
违法情况	
提出纠正违法的时间	
检察纠正情况	
被监督单位反馈意见	
备注	
登记单位	
登记人	登记日期　　年　月　日

如果违法情况比较严重，被监督单位未对违法行为进行纠正，也未在 7 日内对其作出任何说明，检察机关经检察长批准后发出《纠正违法通知书》。

纠正违法通知书

× × ×人民检察院

纠正违法通知书

检纠违【　】号

一、发往单位：＿＿＿＿＿＿

二、发现的违法情况。包括违法人员的姓名、单位、职务、违法事实等，如果是单位违法，要写明违法单位的名称。违法事实要写明违法时间、地点、经过、手段、目的和后果等。可表述为：经检察，发现……

三、认定违法的理由和法律依据，包括违法行为触犯的法律、法规和规范性文件的条款，违法行为的性质。可表述为：本院认为……

四、纠正意见。根据……（法律依据）的规定，特通知你单位予以纠正，请将纠正结果告知我院。

年　月　日

（院印）

（二）被监督单位核查并回复

被监督单位在接到《纠正违法通知书》后，如果在 15 日内没有对违法行为进行纠正，或者是没有将纠正情况进行回复的，下一级人民检察院就要向上一级人民检察院进行报告。同时，违法情况严重的还应填写《严重违法情况登记表》，并报送给上一级人民检察院监所检察部门。

第七章 暂予监外执行的检察监督制度

严重违法情况登记表

发生严重违法的单位			
严重违法情况			
提出纠正严重违法的时间			
检察纠正情况			
被监督单位反馈意见			
备注			
填报单位			
登记人		登记日期	年 月 日

（三）对异议进行复核

当被监督单位接到人民检察院的纠正意见后，若对纠正意见有异议，被监督单位可以向发出纠正意见的检察机关提出复议申请。检察机关收到申请后应当对此进行复议，并要把复议的结果向被监督单位进行反馈。如果被监督单位对检察机关的复议结果仍然不服，可以向上一级检察机关提出复核申请，由上一级检察机关组织进行复核，并作出最终的复核意见。

从以上检察监督的程序设计可以看出，检察机关主要是对刑罚执行机关在暂予监外执行中出现的违法行为进行监督，比如执法人员通过提供虚假证明材料等方式帮助罪犯获取暂予监外执行资格等。要通过层层审核的监督方式加强和规范检察监督，因此，明确规范的检察监督程序，有利于加强对刑罚执行单位的监督,规范和约束检察机关自身的行为。

第二节 暂予监外执行案件备案制度

近年来,全国检察机关加大了对职务犯罪的查处力度。"2013年,全国检察机关监所检察部门共立案查办职务犯罪案件995件1200人,其中要案22件23人。"[1]为了进一步加强对职务犯罪的查处力度,2014年1月21日,中央政法委出台了《关于严格规范减刑、假释、暂予监外执行切实防止司法腐败的意见》,要求凡是对原县处级以上职务犯罪罪犯适用暂予监外执行的,都必须实行备案审查制度。2014年6月23日,最高人民检察院出台了《关于对职务犯罪罪犯减刑、假释、暂予监外执行案件实行备案审查的规定》(以下简称《备案审查规定》)。备案审查制度的确立有利于规范职务犯罪罪犯适用暂予监外执行,预防和减少司法腐败行为的发生。

一、备案审查的范围

职务犯罪主要是指国家工作人员利用职务之便实施的犯罪行为。但在暂予监外执行中,并不是指所有的国家工作人员适用暂予监外执行都要进行备案审查。本书所指的需要备案的职务犯罪主要包括原厅局级和县处级官员的职务犯罪。

(一)原厅局级以上职务犯罪

根据《备案审查规定》的要求,凡是原厅局级的职务犯罪罪犯要适用暂予监外执行,都必须将相关材料上报最高人民检察院进行备案。人民检察院在收到暂予监外执行决定书后10日以内,按照一案一报的原则,将有关材料逐层上报到最高人民检察院进行备案审查。这样可以防止下级人民检察院在办理暂予监外执行案件中出现徇私舞弊的现象。通过这种逐案上报、层层把关的方式对原厅局级职务犯罪进行严格审查,从制度设计上填补了暂予监外执行存在人为操作空间的漏洞。

(二)原县处级职务犯罪

对原县处级职务犯罪罪犯适用暂予监外执行的案件,需要进行备案审查。

---

[1] 田野:"如何规范特殊人群减刑、假释、暂予监外执行——专访高检院监所检察厅厅长袁其国",载《人民检察》2014年第6期。

按照《备案审查规定》要求，人民检察院在收到暂予监外执行决定书后，应在 10 日以内逐层上报省级人民检察院备案审查。之所以《备案审查规定》没有将所有的职务犯罪都纳入最高人民检察院备案审查的范围，主要是考虑到我国领导干部职级和检察资源的有限性。在职务犯罪中，处级领导干部的数量比厅局级领导要大得多，如果将县处级职务犯罪也报送到最高人民检察院，势必会增加最高人民检察院的审查压力。

从职务犯罪备案审查的范围可以看出，其主要是针对原县处级及以上的职务犯罪罪犯。因为这些罪犯在担任领导职务期间，一般都拥有广泛的朋友圈，也容易形成较强的影响力。相对一般罪犯而言，职务犯罪罪犯通过非法手段获得暂予监外执行的现象较为突出。如广东省江门市原副市长林崇中，被判处有期徒刑 10 年，河源市中级人民法院在宣判时，以患有高血压等疾病为由，判决允许其保外就医，使其直接从法院回到了家中。[1]这一事件引起了社会的广泛关注。因此，对原县处级以上领导干部实行备案审查制度，主要是为了防止他们通过原有的人脉等资源，采用非法手段获取暂予监外执行的机会，从而达到逃避法律惩罚的目的。

从现有的规定可以看出，对职务犯罪实行备案审查的范围是采用列举式的方式进行确定，即仅仅限定在原县处级和厅级以上领导干部。对于这两种罪犯的暂予监外执行必须逐案报请备案审查，没有例外情形，这样既方便操作，也有利于对原县处级以上的职务犯罪罪犯产生威慑力。[2]但采用列举的方式确定备案审查的范围也有其缺陷。现实中通过媒体曝光的一些企业高管和一些级别较低的国家工作人员，犯罪后利用金钱等手段贿赂个别司法工作人员，导致在暂予监外执行中仍存在徇私舞弊的现象，实际上这一部分罪犯成了备案审查制度中的"漏网之鱼"。

但现实的困境在于司法资源是有限的，不可能将所有涉及国家工作人员的犯罪都纳入备案审查范围，但又要尽可能地减少这种"漏网之鱼"。因此，建议采用列举式与抽检式相结合的审查方式。即在保留列举式的基础上，采用抽查方式对暂予监外执行案件实施不确定案件范围、不定期的巡查制度。

---

〔1〕参见邓新建、韦磊："广东：检察监督堵死贪官脱管大门"，载《法制日报》2011 年 10 月 19 日，第 5 版。

〔2〕参见张传伟："论减刑假释暂予监外执行备案审查程序的构建"，载《政法论丛》2014 年第 6 期。

采用上述两种方式进行抽查，发现暂予监外执行中的任何违法犯罪行为，坚决地加以严处，对那些想通过非法手段获得暂予监外执行的罪犯和执法人员都能产生威慑作用。同时，也有利于增强办案人员的责任心，从而预防和减少腐败现象的发生。

二、备案审查的内容

对原厅局级和县处级职务犯罪的罪犯适用暂予监外执行时，根据原职级的不同将备案审查材料报送不同级别的检察机关，虽然报送的检察机关层级不同，但备案审查材料的内容具有一致性，主要包括：罪犯的基本情况，主要包括罪犯原来担任何种职务，所判处刑罚的种类、刑期等；罪犯适用暂予监外执行的理由，如对于保外就医的罪犯，需要提供由省级人民政府指定的医院出具的疾病诊断和鉴定意见等相关证明材料，这些材料主要反映罪犯是否符合暂予监外执行的条件；刑罚执行机关提请暂予监外执行意见书，或者暂予监外执行审批表，暂予监外执行决定书；还包括人民检察院对决定机关提出的检察意见书。

三、备案审查结果的处理规则

上级人民检察院收到下级人民检察院报送的备案审查材料后，应在10日以内对材料的真实性、完整性与合法性进行审查，并根据不同的情形分别作出处理。

（一）对暂予监外执行不当的处理

最高人民检察院或高级人民检察院在对原县处级及以上的领导干部进行备案审查时，若认为暂予监外执行不当，就应当通知下级人民检察院，对原决定或批准机关提出纠正意见。原决定机关收到检察机关的纠正意见后，应当进行重新审核和纠正。

（二）对暂予监外执行中出现违法违规情形的处理

最高人民检察院或高级人民检察院，在审查原厅局级或县处级职务犯罪罪犯暂予监外执行备案材料时，如果发现存在疑点或者可能存在违法违规问题时，应当要求下级人民检察院，依法进行调查核实是否存在违法违规行为。下级人民检察院收到通知后，应严格按照上级人民检察院的要求执行，并在收到通知后的30日以内，将调查核实的情况向上级人民检察院报告。

（三）对职务犯罪罪犯适用暂予监外执行的比例明显偏高的情形的处理

为了加强对原县处级职务犯罪罪犯暂予监外执行的管理，高级人民检察院要将本年度职务犯罪罪犯暂予监外执行的数量和比例进行统计，与监狱管理局和公安机关核实后，将数据报送最高人民检察院。

通过对统计数据进行分析，如果发现其比例明显高于其他罪犯，那么，人民检察院就应当采取逐案复查的方式，对职务犯罪罪犯暂予监外执行案件进行核查，并依法向原决定或批准机关提出检察意见。[1]

第三节 暂予监外执行检察监督制度的完善

2012年《刑事诉讼法》对暂予监外执行的检察监督制度进行了修改，将原来的事后监督改为了同步监督。但在司法实践中，同步监督还未真正落到实处。检察监督的效果还不太理想。因此，需要对暂予监外执行的检察监督制度加以完善。

一、赋予检察机关抗诉权

作为刑罚变更执行措施之一，暂予监外执行应保障刑罚的严肃性和公正性。根据《刑事诉讼法》的规定，暂予监外执行的决定主体有法院、监狱和公安机关，但在作出决定时缺少检察机关和当事人的参与，暂予监外执行的决定大多是按行政性程序作出。虽然法律赋予了检察机关书面建议权，但法律没有规定暂予监外执行决定生效的期限，这就导致检察机关作出书面纠正意见后没有办法执行，检察建议具有滞后性。

在人民法院以及刑罚执行机关作出暂予监外执行决定前，检察机关应当对其提出意见。决定或批准机关应当结合检察机关提出的意见作出决定。在决定机关听取检察机关意见的过程中，如果执行机关和检察机关的意见出现分歧，也可邀请相关医疗专家和暂予监外执行的对象参加听证。在听证过程中，双方应提供材料证明自己的观点，也可进行质证、辩论，决定或批准机关应在听证的基础上作出最终决定。

如果对决定或批准机关应所作出的决定不服的，应当允许检察机关提出

---

[1] 参见张乔：“对原县处级以上职务犯罪罪犯减刑假释暂予监外执行案件实行备案审查”，载http://china.cnr.cn/gdgg/201406/t20140624_515721530.shtml.

抗诉。根据法律规定，检察机关只有权提出书面检察建议，缺乏刚性的监督力度，实质上弱化了检察机关的监督权力。因此，应在《刑事诉讼法》中赋予检察机关在暂予监外执行中的抗诉权。

二、建立和完善检察监督方式

根据我国法律规定，检察机关对暂予监外执行的检察监督主要是采用书面审查的方式进行，这一监督方式的监督效果并不理想。因此，应当从以下几个方面进行完善：

（一）书面审查与实践调查相结合

根据法律规定，检察机关对暂予监外执行的监督主要是对书面材料进行审查，然后提出检察意见，其中审查的具体内容为申请的对象是否符合法定条件和标准，审查保外就医的病情证明材料，审查核实提请程序是否合法等。

检察机关在进行书面审查后，还应当进行适当的调查，如与被执行人进行谈话，询问专家学者或相关人员，在调查的基础上对发现的错误进行纠正。采取书面审查与实践调查相结合的方式使检察机关能更全面地了解案件，从而作出正确的决定。

采用分类式审查和实践调查相结合的方法可以更加有效地对暂予监外执行进行监督。同时，还应与保外就医的医院建立有效的联系沟通机制，便于更加准确地掌握罪犯的病情，及时了解保外就医人员的身体状况。对于生活不能自理的、怀孕或哺乳自己婴儿的妇女，应与其家属建立定期联系制度，这样才能保证检察机关可以全面地了解暂予监外执行人员的真实情况，从而进行有效地监督。

（二）派驻检察与巡回检察相结合

检察机关应当通过派驻检察和巡回检察相结合的方式对暂予监外执行进行监督。在司法实践中，派驻检察是检察机关常用的监督手段，即检察机关通过向监狱或看守所派驻检察人员对刑罚执行场所进行监督，及时发现刑罚执行中出现的问题并提出纠正意见。但派驻检察也存在一些问题，如本应由检察人员对派驻场所进行监督，由于检察机关人力不足，演变为检察人员与执法人员混为一体，以至出现相互"配合"的局面，使得派驻检察监督的效果不甚理想。

为了提高派驻检察监督的效果，要加强对派驻检察人员的教育和培训。

由检察长进行领导，以主办检察官为核心，对执行情况、执行场所进行有针对性的监督，将在监督过程中发现的问题纳入考核评价体系，也可针对违法现象提出处理建议。这样可以有效地解决实践中出现的检察人员与执法人员混同以及单纯倾向配合的问题。

在保留派驻检察的基础上，还要采用巡回检察的方式加强监督力度。巡回检察制度可以丰富检察权的监督方式，通过不定期、不定时的方式对执行情况进行监督，检察机关在这一过程中享有绝对的权力，且不需要相关部门审查批准，这样也能防止刑罚执行机关得知要进行检察后进行刻意准备，甚至与派驻检察人员相互配合，从而增强检察监督的效力。

（三）引入被害人监督机制

被害人作为权利的受损害者，对于案件的相关情况最为关注，引入被害人监督具有重大意义。让被害人参与到决定适用暂予监外执行程序中，并且有权提出建议，在执行过程中，也可赋予被害人进行监督的权利，这样既加强了监督的效力，又减轻了检察机关的监督压力。

被害人监督的内容主要是被害人有权知晓暂予监外执行人员的治疗情况、身体恢复情况和生活状况以及是否认真参加社区矫正，认罪态度是否良好，有无违法犯罪行为，是否存在脱管和漏管等情况。

如果被害人发现罪犯不符合暂予监外执行条件，可以向决定机关提出书面申请，要求撤销执行不当的暂予监外执行决定；如果被害人发现罪犯在暂予监外执行期间出现违法犯罪等行为，可直接向作出决定的机关提交书面申请要求改正，决定机关应当进行审查并及时处理和回复；如果被害人发现暂予监外执行的情形已经消失，应当收监执行的，可以向社区矫正机构提出收监建议。可以说，利用被害人进行监督是暂予监外执行监督的重要补充。

（四）完善暂予监外执行案件备案制度

2014年6月23日，最高人民检察院出台了《备案审查规定》，该《备案审查规定》强化了上级检察院对下级检察院的领导，也加强了检察机关内部的监督。但该《备案审查规定》的不足之处在于既无明确规定备案审查的主体、审查的组织形式、审查的方式以及审查过程中的回避程序，也缺乏对移送审查主体不移送或移送不及时的责任追究机制。为增强备案审查制度操作的规范性，应该从以下几个方面进行完善：

1. 成立专门的备案审查小组。鉴于人民检察院监所检察部门专门负责对刑罚执行的监督，可在上级检察院监所部门成立专门的备案审查小组，小组成员可由两名检察人员组成，专门负责审查暂予监外执行案件的备案材料。

2. 建立备案审查回避制度。在备案审查过程中，当审查人员与备案审查对象有利害关系，将会影响审查公正时，相关工作人员应当回避，确保备案审查的公平公正。

3. 明确移送备案审查的责任。明确规定作为案件材料移送的主体，应该在收到暂予监外执行决定书后10日以内，逐层向上级人民检察院提交备案审查材料，在规定期限内不移送或怠于移送的，由上级人民检察院责令下级检察院对相关负责人作出行政处分。

三、建立和完善联动机制

要强化暂予监外执行检察监督的效果，需要从以下几个方面建立和完善联动机制：

（一）健全联合考察机制

建立和完善联合考察机制需要多部门相互配合，定期召开会议交流情况，并集中研究解决遇到的问题。只有这样，才有利于检察机关更全面和更有效地进行监督。

检察机关、人民法院、监狱、公安机关和司法行政机关要定期召开联席会议，通报暂予监外执行的有关情况，做到信息及时掌握、问题及时发现和及时进行处理。据笔者在C市S区的调研了解到，该区推行了每月定期召开联席会议制度，一般由区司法局牵头组织召集，人民法院、人民检察院、公安局和监狱管理部门派员参加。在会上，有关负责人通报本月有关暂予监外执行的情况，各部门提出需要相互配合以及解决的问题，通过会议的形式加强各机关之间的协同配合。检察机关可以借此全面了解和掌握暂予监外执行的情况，也更有利于检察监督工作的开展。同时，要对会议中提到的特殊情况进行重点调查和研究，可以进行实地调查，既要与暂予监外执行人员面对面交流询问情况，也要与执行人员或医生交流了解情况。对于复杂问题应共同研究，找到解决的办法，然后采取措施。

（二）健全交接回执制度

交接回执是证明上一机关已妥善完成任务，将被执行人交给下一个执行机关的重要证明。在司法实践中，对于法院作出暂予监外执行决定的，将罪犯移交社区矫正机构执行时，应给予执行机关相应的执行决定书，执行机关收到执行决定书后应检查暂予监外执行人员是否到刑罚执行机关办理手续，经工作人员出具证明文件后，将交接回执送达法院、检察院和社区矫正机构所在地的派出所以备审查。对于尚未交付执行的罪犯，可由保证人或近亲属将其送交至社区矫正机构进行报到，社区矫正机构接收后应将相关情况进行记录，然后出具相关证明文件送达法院、检察院和相关机关。

交接回执制度有利于各机关认真履行职责，并且提供了证据证明其已经完成应尽的职责，从而有效防止工作中的相互推诿，这也便于检察机关监督刑罚执行机关的执行情况。

四、建立检察监督办案化模式

长期以来，刑事执行检察监督业务采取"办事模式"，与公诉、反贪等业务相比，缺乏程序性和规范性。在司法改革的背景下，检察监督应当从"办事模式"向"办案模式"转变。

（一）检察监督办案化的内涵

根据我国法律规定，检察机关具有监督职能。刑事执行监督是法律监督的重要组成部分，检察机关的执行监督应当实现"办事程序办案化"，即由"办事为主"向"办案为主"转变。[1]

在2012年《刑事诉讼法》修改前，我国监所的检察业务除了直接立案侦查职务犯罪案件外，大多是以日常事务性工作对待。执法监督办事处理的方式也相对比较简单，一般都是采用检察建议或纠正违法通知书的方式进行监督。在2012年《刑事诉讼法》修改之后，将检察机关对暂予监外执行的监督由原来的事后监督改为同步监督，同时还赋予了检察机关羁押必要性审查等职能，要求必须要将检察监督作为案件来办理和管理。从本质上来讲，监督就是办案，办案本身也是刑事执行监督的基本方式和加强监督的有效手段。

检察监督的办事模式的最大问题在于缺乏程序性，导致监督活动随意性大、监督虚化和公信力弱化。[2]2007年，最高人民检察院出台了监所检察

---

〔1〕参见袁其国：《刑事执行检察论》，中国检察出版社2016年版，第474页。

〔2〕参见高祥阳："刑事执行检察应从'办事模式'向'办案模式'转变"，载《人民检察》2015年第17期。

"四个办法",对监所检察的内容、方法等进行了明确,但重点是强调检察机关在检察监督中,监督活动记录的规范性。而对如何调查处理违法情况,包括如何进行调查取证等方面都没有作出明确的规定,导致检察监督的效果弱化,其原因在于没有实行检察监督模式办案化,仍然沿用传统的监督方式,即采用办事化的模式进行检察监督。

2015年12月,最高人民检察院出台了《关于全面加强和规范刑事执行检察工作的规定》,要求刑事执行检察部门建立和完善违法行为调查制度,赋予了刑事执行检察部门调查权和审查权。概括来讲,检察监督模式办案化的要求就是要建立刑事执行检察案件办理的规章制度,将刑事执行检察案件纳入全国统一的业务应用系统,实现办案标准化和管理流程化。

(二)检察监督办案化的主要措施

1. 建立和完善检察监督案件办理制度。暂予监外执行的检察监督要实现办案化,就要建立健全检察监督案件办理的制度体系。通过建立检察监督案件办理制度,统一规定案件的范围、办理的时限、办案的流程和案件的审批权限等,从案件的发现、受理、立案和处理等各个环节进行规范,对相关责任进行明确。

同时,要对办案过程中涉及的各种法律文书进行统一,实现检察监督办案标准化和管理流程化。通过建立和完善刑事执法监督办案程序,解决办事主体和程序不清、责任不明和办事效率较低等问题。从而,使执法监督人员按照规范的办案程序开展执法监督工作,不断增强检察机关对刑事执行的监督效果。

2. 建立统一规范的办案程序。检察监督模式办案化,需要按照案件办理的流程进行设计,具体包括案件范围的选择和办案流程的设计两个方面。检察监督的办案化可以采取逐步推进的方式进行,先将刑罚执行变更的案件(如暂予监外执行的案件)、罪犯在刑罚执行中发生死亡事故的独立调查案件等重点案件纳入办案化的范围。同时,还要明确办案化的流程。检察监督办案化的程序应当包括:案件的发现、受理和立案,即要明确案件的启动标准和立案流程;调查和审查程序,通过收集相关证据,对案件进行审查;处理程序,按照检察监督的权限和规定,根据案件的不同情况作出处理决定;结案程序,按照案件结案的标准和要求进行结案处理。

五、建立和完善责任追究机制

为了防止检察监督人员在监督过程中出现违法行为，确保暂予监外执行的监督效果，应当建立和完善责任追究机制。

（一）建立责任追究制度

在暂予监外执行制度中，责任追究的对象应当包括具体的执法人员和检察监督人员。无论是执法人员还是负责监督的检察人员，只要出现违法行为就要对其进行处罚。对于严重违反规定造成严重后果的，应当严肃处理，情节严重的应追究检察人员的刑事责任。如2014年7月8日，T市某区司法局派出所、监狱警察在某司法所内，对暂予监外执行罪犯王某执行收监过程中，由于相关政法干警怠于履行职责，导致罪犯王某脱逃。2014年7月21日，河北区人民检察院果断立案。2014年11月19日，对某监狱副监区长于某某以涉嫌失职致使在押人员脱逃罪予以传唤。2015年4月20日，于某某案侦查终结并移送审查起诉。[1]通过责任追究机制的建立和完善，增加执法人员和监督人员的责任心，促使其严格按照法律规定进行公正执法。

（二）实行双重审查机制

在检察监督中，对于比较严重的情形，不仅本级检察机关要进行严格审查，而且还要由上级检察机关进行审查。通过建立双重审查机制，一方面可以加强检察监督的力度，另一方面有利于加强对检察人员的监督管理，使检察人员更加认真地履行职责，从而提高对暂予监外执行检察监督的效果。

---

[1] 参见李志泉、仇振生："收监执行环节渎职案件的查办"，载《中国检察官》2016年第8期。

第八章
暂予监外执行制度的改革方向

党的十八届三中全会通过的《中共中央关于全面深化改革若干重大问题的决定》中提出，要完善人权司法保障制度，国家尊重和保障人权，完善对违法犯罪行为的惩治和矫正法律。最高司法机关也出台了一系列司法文件，对我国暂予监外执行制度进行了重大改革。对暂予监外执行制度进行调查研究，是落实十八届三中全会精神，促进司法公正和司法文明的重要课题。

2012年《刑事诉讼法》实施后，我国暂予监外执行制度得到了不断的发展，也取得了一定的成效。总结十八大以来规范暂予监外执行制度的经验，反思各地在暂予监外执行制度实践中出现的问题，我国暂予监外执行制度未来的改革从宏观层面来讲，应以法律法规统一化、执法标准规范化、执法流程信息化、案件管理统一化、执法队伍专业化和社会支持主体多元化为方向。

第一节 法律法规统一化

我国有关暂予监外执行的规定散见于各个法律法规之中，在立法上还存在不统一等问题。因此，在未来的改革中，暂予监外执行的法律法规还需要实现统一化。

一、法律法规统一化的基本内涵

党的十八大报告提出："推进科学立法、严格执法、公正司法、全民守法，坚持法律面前人人平等"，这与社会主义法制建设十六字方针相比，[1]实现了从法制建设到法治建设的根本性转变。在中国特色社会主义法律体系形成后，虽然法治工作的重心已经从立法转向执法和司法领域。但是，值得注意的是立法之间的矛盾或者冲突现象还较为突出，立法的可操作性还不够强，

---

[1] 社会主义法制建设十六字方针是"有法可依、有法必依、执法必严和违法必究"。

在司法实践中很难严格地按照规定进行执行。政府、市场主体、司法机关"各依各法"的现象并不鲜见,"法不可依"是全面推进依法治国基本方略进程中一个不可忽视的问题。[1]

在我国暂予监外执行制度中,也存在立法矛盾和不统一的问题。解决法律法规的冲突等问题,就需要加强法律法规的统一化建设。从广义的角度来讲,统一化的主要目的在于,避免由不必要的多样化而造成混乱局面,从而为社会的正常运行建立共同遵循的秩序。

法律法规的统一化就是要求各种立法之间要协调统一,不能出现立法上的矛盾和冲突,达到规范标准和统一的总体要求,以便各司法机关在司法实践中能够按照统一规范的法律法规进行执行。而暂予监外执行法律法规的统一化就是要求与暂予监外执行相关的法律法规之间要消除立法上的矛盾和冲突,便于暂予监外执行制度得到有效实施。

二、法律法规统一化的基本要求

(一) 法律法规的协调性

法律法规的统一性就是要求各个法律之间要具有协调性。我国暂予监外执行制度在立法上的冲突主要体现在《刑事诉讼法》与《中华人民共和国看守所条例》(以下简称《看守所条例》)和《暂予监外执行规定》之间。我国《刑事诉讼法》与《看守所条例》在保外就医的疾病范围界定上存在一定的出入。比如在对疾病范围的认定标准上,《看守所条例》和《刑事诉讼法》的规定不一致。

由于不同的法律法规对暂予监外执行的适用范围以及疾病认定标准等方面的规定存在差异,导致各司法机关在暂予监外执行过程中无所适从,也影响了刑罚执行的权威以及执行的效果。因此,法律法规的统一性要求法律法规之间不能出现冲突和产生矛盾,要使各个法律之间实现协调统一。

(二) 法律法规的规范性

法律法规的规范性要求立法机关在制定法律法规时,不能出现模棱两可的表达方式,法律法规的规定必须要明确化。只有通过法律进行明确的规定,

---

[1] 参见刘锐:"从'有法可依'走向'法律可依'",载《学习时报》2013年6月10日,第5版。

才能让潜在的违法者提前防范法律风险，也让执法者能够按照明确的规定进行严格执法。

法律法规的规范性就是要对相关要求和责任以及法律后果等进行明确和细化。在暂予监外执行的相关法律法规中，存在相关表述不清、界定不明等问题。比如在《社区矫正实施办法》中，就出现了"情节严重的、情节轻微的和仍不改正的"等模糊性表达，由于没有规范性地规定什么才叫情节严重或情节轻微，在何种情况下才叫仍不改正，执行人员在司法实践中不能进行准确界定，大多数情况下是根据自己的理解和经验进行判断。

因此，法律法规的规范性就是要在法律制定的过程中，对规则、程序以及法律责任等方面进行界定，让执法者能够一目了然地知道该如何进行处理，要承担哪些责任，从而避免在执法过程中的随意性。

三、法律法规统一化的主要措施

（一）消解立法部门化现象

在我国立法实践中，立法部门化现象较为突出。在改革开放初期，部门主导立法有一定的优势。但问题在于部门主导立法，比较容易站在本部门的角度，从部门的利益出发来考虑如何立法，造成各个法律或法规之间存在很多冲突的地方。法律的生命在于实施，但实施必须要以统一化的法律规定作为依据。否则，在司法实践中，就会使执行部门无所适从。从而，影响法律实施的效果。

因此，在暂予监外执行的法律法规的制定过程中，各司法机关要树立统一协调的观点，避免制定的法规带有强烈的部门化色彩，尤其是涉及各系统相关联的法律条款时，应当注重协调统一，比如对暂予监外执行的适用范围、条件和保外就医疾病的认定标准等基本方面要进行统一。不能出现各个部门出台的法规相互矛盾或相互冲突的现象。否则，将会给暂予监外执行制度的完善与发展带来一定的障碍。

（二）加强立法监督

在立法过程中，法律法规、部门规章之间相互"打架"的现象仍时有发生。因此，加强立法监督是法律法规统一化的现实需要。

规范性文件备案审查是人大对立法监督采用的主要方式，也是保证宪法有效实施、维护法制统一的重要制度。[1]2005年，我国修订了《行政法规、地方性法规、自治条例和单行条例、经济特区法规备案审查工作程序》和《司法解释备案审查工作程序》，对法规备案审查的程序等方面作出了明确的规定，要求各个部门在制定规范性文件时，要向人大进行备案并接受审查。通过备案审查的方式加强对立法的监督，既可以促进各个法律法规之间的协调统一，同时也有利于防范公权力被滥用。

（三）提供统一规范的法律依据

在暂予监外执行制度的改革完善中，应对涉及暂予监外执行的相关法律法规作出统一的规定，如《刑事诉讼法》、《刑法》、《监狱法》、《暂予监外执行规定》以及即将出台的《社区矫正法》等法律法规之间要统一，避免法律法规之间产生冲突，实现暂予监外执行法律法规统一化，解决立法之间相互矛盾的问题。从而为暂予监外执行的有效实施提供统一准确的法律依据，确保暂予监外执行制度得到落实。

第二节 执法标准规范化

执法标准的规范化是正确贯彻和准确实施各项法律的基本要求，也是司法公正的具体体现。在我国暂予监外执行制度的未来改革中，要努力实现执法标准规范化。

一、执法标准规范化的基本内涵

2016年5月20日，中央全面深化改革领导小组（以下简称"深改小组"）审议通过了《关于深化公安执法规范化建设的意见》，习近平总书记也发表了重要讲话，提出要把严格规范公正文明执法的要求落实到每一项执法活动中。因此，要切实加强执法标准规范化建设。执法规范化既是执法队伍严格、公正、文明执法的基本要求，也是提高执法公信力的重要举措。

构建刑事执法标准规范化体系是正确贯彻和准确实施各项法律的基本要求，尤其是刑罚执行机关在执法过程中要严格按照执法标准进行正确执法。2016年7月26日，公安部召开了全国公安机关规范执法视频演示培训会，会

---

[1] 参见谢素芳："立法监督利剑出鞘"，http://www.npc.gov.cn/zgrdw/npc/zgrdzz/2015-04/30/content_1935325.htm.

议要求进一步推进执法规范化建设,提升执法能力和执法水平。[1]2016年9月27日,中共中央办公厅、国务院办公厅印发了《关于深化公安执法规范化建设的意见》,要求构建规范的执法标准体系。[2]

暂予监外执行的执法过程涉及保外就医、怀孕和生活不能自理的鉴定、罪犯到社区接受矫正以及收监等诸多环节,这些环节都需要相关执法人员按照法律规定的程序和要求进行公正严格执法。因此,执法标准的规范化就显得尤为重要,如果没有规范化的执法标准,在执法过程中就可能会出现随意执法的现象,从而损害法律的权威和影响执法的效果。

二、执法标准规范化的基本要求

执法标准规范化要求适用于所有执法活动,当然,也包括暂予监外执行的执法活动。暂予监外执行执法标准规范化的基本要求主要体现在以下两个方面:

(一)执法标准的统一性

执法标准的统一性是执法规范性的前提条件。在刑罚执行过程中,如果没有统一的执法标准作为执法的依据,执法人员也就无法按照规范的执法标准进行规范执法。

因此,执法标准的统一性显得尤为重要。执法标准的统一性要求刑罚执行人员要切实按照统一的执法标准进行执法,不能单纯根据自己的经验来进行判断和随意执法。执法标准统一化就是要求刑罚执行机关在执法时应当按照统一的标准、统一的程序和统一的尺度进行执法,只有这样才能防止执法权的滥用。

(二)执法标准的规范性

暂予监外执行作为刑罚执行的一种变更方式,属于刑罚执行的范畴。在刑罚执行过程中,还存在保外就医鉴定的操作程序规范不明确等问题。这也反映出在暂予监外执行的过程中,还缺乏较为规范的执法标准,导致在司法实践中存在执法不规范等问题。

---

〔1〕参见司法部:"扎实推进执法规范化建设 全面提升执法能力和水平",载 http://www.mps.gov.cn/n2254098/n4904352/c5435600/content.html.

〔2〕参见王晓易:"中共中央办公厅、国务院办公厅印发《关于深化公安执法规范化建设的意见》",载 http://money.163.com/16/0927/19/C209J6Q2002580S6.html.

规范的执法标准是准确有效执法的重要依据,应当进一步细化暂予监外执行的执法标准,为刑罚执行机关提供在审批、保外就医鉴定和社区矫正以及收监执行环节的规范化标准。从而,提供具有可操作性的执法标准和执法依据。

三、执法标准规范化的主要措施

在暂予监外执行制度的改革中,应借鉴公安机关执法标准规范化的做法及成功经验,以执法标准规范化建设为方向,进一步规范执法标准、完善执法细则,使执法工作的各个环节都有章可依、有规可循。[1]因此,执法标准规范化的改革应当从以下几个方面着手:

(一)转变执法理念,推动执法工作标准化

加强执法规范化和标准化建设,首先要切实转变传统的执法理念。要通过各种途径,积极引导暂予监外执行的执法人员深入学习社会主义法治理念。执法的目的是保证法律正确有效地实施,包括按照法律的标准和规范的程序要求进行执法。执法人员要改变重实体轻程序的传统观念。如果执法人员在执法过程中,只是一味地追求执法的结果,而忽视执法程序的重要性,就会影响司法公正和司法权威。

因此,执法人员要牢固树立切实按照规定标准和规定程序严格执法的观念,让人民群众从每一起案件的规范办理中感受到司法的公平正义,这是实现科学执法和执法为民的前提和基础。

(二)规范暂予监外执行的执法程序

规范的执法程序不仅是规范执法的需要,也是防范公权力滥用的有效举措。只有将每一个执法的程序、环节进行规范和固化,才便于执法人员进行规范有序的执法。

因此,在暂予监外执行中,需要进一步明确暂予监外执行的申请与决定程序、保外就医的鉴定程序、收监执行程序和检察监督程序,使暂予监外执行在每个环节都有明确的依据。从而,确保在暂予监外执行过程中,能够按照规范的程序进行落实。

---

[1] 参见曹昆、杨成:"郭声琨:进一步规范执法标准 强化执法全程监管",http://politics.people.com.cn/n1/2016/0601/c1001-28401723.html.

（三）规范暂予监外执行的执法行为

通过程序规范来划分暂予监外执行的执法边界，确保暂予监外执行的整个过程都在法律规定的框架内运行。从而，使暂予监外执行制度不断完善和发展。

要规范暂予监外执行的执法行为，必须从暂予监外执行的申请、鉴定、矫正和收监的每一个环节抓起，从每一起暂予监外执行的案件抓起以及从每一个具体的执法人员抓起。只有这样，才能真正规范暂予监外执行的执法行为，加强执法行为的规范化建设，确保暂予监外执行制度得到有效实施。

第三节 执法流程信息化

随着信息技术的不断发展，利用信息化手段是推进执法工作规范化的有效途径，执法流程信息化是我国暂予监外执行制度未来的改革方向。

一、执法流程信息化的基本内涵

执法流程信息化是指在执法过程中利用计算机和互联网信息技术，以提高执法效率和质量为主要目的的一种新型执法手段，实现执法与计算机以及互联网信息技术的深度融合。执法流程信息化的本质是利用计算机和互联网信息技术处理执法流程中的所有信息，对执法过程中产生的信息以计算机和互联网电子信息的方式记载、传输、保存、再现以及审视、批改和确定，实现执法流程信息电子化，从而提高执法效率和质量。

党的十八届四中全会通过的《中共中央关于全面推进依法治国若干重大问题的决定》要求加强行政执法信息化建设和信息共享，提高执法效率和规范化水平。2016年5月20日，习近平总书记在"深改小组"会上强调要实现执法流程信息化。[1]可见，执法流程信息化问题已经引起了国家的高度重视。

二、执法流程信息化的基本要求

目前，我国还没有形成暂予监外执行统一的信息管理平台，各个系统之间没有实现互联互通，都是在各自系统内部运行，这也是在暂予监外执行过

---

[1] 参见"实现执法行为标准化 执法流程信息化"，http://news.21csp.com.cn/c3/201605/11349293.html。

程中出现罪犯脱管、漏管现象的原因之一。

由于没有建立信息管理系统,再加上部分法律文书和执行通知书未及时送达县级司法行政机关,很容易出现交付脱节的情况。如 C 市从 2012 年至 2015 年 7 月,全市共纠正脱管、漏管 1421 人,对矫正期间犯罪或严重违法的建议收监 507 人。[1]

目前,在暂予监外执行的各个环节中,社区矫正的信息化管理已走在了前列。2015 年,司法部社区矫正管理局与信息中心联合部署开展全国社区矫正信息化联网试点工作。截至 2016 年,已有 17 万条社区服刑人员的基本信息通过国家电子政务外网与司法部机关实现互联互通。[2]2016 年 3 月,在天津、上海、河北、内蒙古、广东、海南、重庆、贵州、福建、陕西、青海、宁夏 12 个省(区、市)进行了扩大试点工作,[3]取得了较好的效果。

暂予监外执行流程信息化的建设要求为:一是需要搭建一个信息化平台,这是执法流程信息化的基础和前提。二是信息化平台的建设要实现各个系统之间的有效兼容。三是执行流程信息化平台要实现资源共享。如青海省的社区矫正信息化管理平台,建立了纵向到省、市、县、乡四级社区矫正机构互联互通,横向与公、检、法、监实现信息共享的信息化网络格局,全面推动全省社区矫正执法水平和管理效能的全面提升。[4]因此,执法流程信息化必须要实现互联互通。

三、执法流程信息化的主要措施

(一)搭建互联互通的执法信息化平台

搭建执法信息化平台是实现执法流程信息化的基础。建设信息平台首先要解决信息孤岛问题,要避免执法流程信息系统只为某一个司法机关所用。因此,要打通各个司法机关之间的信息通道,实现执法流程信息系统的互联互通。

---

[1] 参见"重庆市人民代表大会常务委员会公报",2015 年第 4 期。
[2] 参见司法部社区矫正管理局:"全国社区矫正信息化联网试点工作积极推进",载《人民调解》2016 年第 6 期。
[3] 参见司法部:"青海启动社区矫正信息化平台建设",http://www.moj.gov.cn/sqjzbgs/content/2016-08/02/content_ 6744669.htm? node=30092。
[4] 参见邢春梅:"全国社区矫正信息化联网试点工作积极推进",载 http://www.moj.gov.cn/sqjzbgs/content/2016-04/08/content_ 6567509.htm? node=30092。

通过执法流程信息平台的建设，实现执法信息网上录入、网上管理、网上考核和网上监督。在暂予监外执行过程中，要使暂予监外执行的申请和决定、保外就医的鉴定、社区矫正的实施、收监执行以及人民检察院的监督等流程，都能够通过信息化平台进行管理。

（二）执法流程信息化要形成信息资源共享机制

人民法院、公安机关、监狱和司法行政机关以及人民检察院，要能够通过执法流程信息化平台，方便快捷地查询、了解和掌握执行情况以及罪犯所处的状态。比如人民法院或者刑罚执行机关作出暂予监外执行决定后，监狱、看守所或司法局就应当通过信息平台知晓罪犯的判决情况，并做好罪犯交接方面的准备；当罪犯到社区矫正机构报到后，原作出决定的机关能通过信息平台知道罪犯已经顺利进入到矫正环节；当矫正结束时，司法局和原决定机关也能够知道是需要收监执行，还是应该办理释放手续。人民检察院也可以通过信息平台对暂予监外执行的全过程进行监控，通过信息化监督的手段，提高检察监督的效果。构建执法流程信息时时共享平台，既可以为司法机关的管理带来便利，提高刑罚执行的效率，也可以防范和减少出现暂予监外执行人员脱管或漏管的现象。

第四节　案件管理统一化

根据2012年《刑事诉讼法》的规定，暂予监外执行人员都应当到社区矫正机构接受矫正。近年来，社区矫正制度得到了较好的发展。司法部副部长熊选国在2017年3月4日两会期间介绍道："我国社区矫正工作经过2003年试点、2005年扩大试点和2009年全面试行阶段后，2014年全面推进。2013年以来累计接收社区服刑人员189.6万人，累计解除174.5万人，现有社区服刑人员突破70万人。"[1]根据司法部2013年公布的数据显示，暂予监外执行人员占社区矫正总数的3.6%，[2]由此估算，暂予监外执行人员大约有7万多人。但是，针对这么大的一个群体，司法行政机关却没有一个案件管理机构来进行统一规范管理，这给暂予监外执行的案件管理以及检察机关的监督带

---

〔1〕参见周斌："深入推进司法行政改革以优异成绩迎接党的十九大胜利召开"，载http://www.legaldaily.com.cn/zt/content/2017-03/06/content_7039466.htm?node=85922。

〔2〕参见司法部社区矫正管理局编：《社区矫正研究论文集》，法律出版社2013年版，第9页。

来了很大的困难。同时，在现有司法行政体制下，检察机关对暂予监外执行的监督更多是偏向办事而不是办案，对暂予监外执行制度的规范运行和执行监督造成很大的影响。因此，在未来的改革中，应当实现暂予监外执行案件管理统一化。

一、案件管理统一化的基本内涵

案件管理是刑事诉讼规则应有的重要内容，在刑事诉讼规则中增加案件管理的内容是新形势下案件管理工作发展的需要，也是严格规范案件管理工作的重要举措。2019年修改后的《人民检察院刑事诉讼规则》（以下简称《刑事诉讼规则》）对案件管理工作的范围、流程和方式等方面都进行了明确。事实上，案件管理工作的推进，也有利于更好地贯彻落实修改后的《刑事诉讼规则》的要求。

案件管理统一化是指通过设立专门的案件管理机构（即案件管理中心）对案件进行集中统一处理。案件管理部门主要是负责案件的统一受理和登记、案件流程监控、案件质量评查、案件统计管理、案件信息查询和案件综合考评。概括起来就是承担案件管理、监督、服务和参谋职能。案件管理统一化主要是为了提升办案效率，同时，也促使办案质量的提高。

二、案件管理统一化的基本要求

执法司法机关对案件进行统一管理，是现代管理科层化与扁平化相结合的产物。我国人民法院、人民检察院、公安机关经历了案件管理由分散走向集中统一的过程。

2005年，人民法院案件管理分散于各庭审室，最高人民法院出台了《人民法院第二个五年改革纲要（2004-2008）》，强调"改革和完善司法审判管理和司法政务管理制度"，江苏等地法院开始探索以流程管理、审判质效评估、案件评查等为职责的审判管理机制。[1] 2009年3月，《人民法院第三个五年改革纲要（2009-2013）》出台，提出"规范审判管理部门的职能和工作程序"，全国各地的审判管理机构迅速建立起来。2011年1月6日，最高人民

---

[1] 参见江苏省高级人民法院审判管理办公室："关于审判管理改革的认识与探索——以江苏法院审判管理改革实践为蓝本"，载《法律适用》2008年第10期。

法院出台了《关于加强人民法院审判管理工作的若干意见》，至此，以审判管理办公室为主体的集中统一管理体制被正式确立和规范化。

人民检察院的案件集中管理体制的发展历程与人民法院相似，在各地试点的基础上，最高人民检察院在《关于贯彻落实〈中央政法委员会关于深化司法体制和工作机制改革若干问题的意见〉的实施意见——关于深化检察改革 2009-2012 年工作规划》中正式提出建立健全办案流程管理工作机制。[1] 2011 年 3 月，《最高人民检察院工作报告》提出推行案件集中管理机制。此后，各地检察机关纷纷建立了案件管理机构。

以上人民法院和人民检察院的案件管理机构，就是我们现在常见的"案管中心"，但其正式确立不过 6 年的时间。总体上讲，检察机关的案件管理工作仍处于"初级阶段"，在一些地方，检察机关的管理方式因人、因院不同而各行其是。[2]

在公安系统，各地早已开展案件管理系统化改革，但是一直没有用正式的文件确定下来，2016 年 5 月 20 日，中央全面深化改革领导小组审议通过的《关于深化公安执法规范化建设的意见》提出，要构建系统的执法管理体系，实现执法管理系统化，这对公安机关案件管理提出了新的要求。因此，各地也成立了类似于人民法院、人民检察院案管中心的机构，如北京各级公安机关成立了"执法办案管理中心"。[3] 2016 年 12 月 23 日，吉林省公安厅在通化市召开了"受案立案制度和刑事案件统一审核、统一出口机制改革试点工作"现场会，对全省公安机关深入推进两项改革进行研究部署。[4] 至此，全国的人民法院、人民检察院和公安机关都成立了统一的案件管理机构。

案件管理统一化的基本要求就是在人民法院、人民检察院和公安机关等司法机关成立案件统一管理机构，加强对案件的管理力度。尤其是面对较为庞大的暂予监外执行以及社区矫正人群，需要通过设立统一的案件管理中心

---

〔1〕 参见王松苗、王丽丽："检察机关内设机构的风雨变迁"，载《检察日报》2009 年 10 月 12 日，第 5 版。

〔2〕 参见王晋："以刑事诉讼规则为指导推进案件管理工作"，载《国家检察官学院学报》2013 年第 1 期。

〔3〕 参见杨永浩："全国首家派驻公安机关执法办案管理中心检察室挂牌成立"，载 http://www.chinacourt.org/article/detail/2016/11/id/2357742.shtml。

〔4〕 参见曹逸群："全省公安机关深入推进受案立案制度和刑事案件'两统一'机制改革"，载 http://www.ncnews.com.cn/xwzx/gdxw/201612/t20161225_473892.html。

对其进行集中规范的管理。通过设立集中的案件管理机构，不仅可以约束、敦促业务部门规范有序地执法办案，也可以加强对暂予监外执行的监督。

三、案件管理统一化的主要措施

我国暂予监外执行工作由司法局下设的"社区矫正局"负责具体执行，但是，由于该局成立的时间不长，机构级别不高（虽然为司法局下设的二级局，但是与其他一般中层机构平级，并没有像监狱局一样高一级）。据司法部的统计，我国正在被执行刑罚的社区服刑人员有73.2万人，面对这么大的执法任务，社区矫正局并未设立集中的案件管理中心，这必将为案件管理和执法监督带来困难。而设立专门的案件管理机构，可以打破原有的业务部门自我管理和条线分割的模式，形成全程、动态的监管体系。[1]

因此，要实现案件管理统一化，社区矫正机构就应当借鉴公安机关采用的"受案立案制度和刑事案件统一审核和统一出口机制"，才能如公安机关一样努力实现"案件源头统一监督、案件入口统一管控、案件环节统一审核和案件出口统一管理"的工作目标，通过成立统一的案件管理中心，使社区矫正办案程序更加规范与公正。从而，加强对暂予监外执行的监督，提高暂予监外执行的办案质量和执法的效率，树立司法权威。

第五节 执法队伍专业化

2016年5月20日，中央全面深化改革领导小组审议通过的《关于深化公安执法规范化建设的意见》，强调要实现执法队伍专业化，大力提高法治工作队伍的业务工作能力。加强执法队伍专业化建设是我国暂予监外执行制度未来的改革方向。

一、执法队伍专业化的基本内涵

人才队伍建设是任何一个国家、一个地区和一个行业关注的焦点，人才是任何一项事业发展的第一要素，再好的法律和制度，都必须要依靠人来执行和落实。在我国全面推进依法治国，加强司法改革的大背景下，如何打造

---

[1] 参见王晋："以刑事诉讼规则为指导推进案件管理工作"，载《国家检察官学院学报》2013年第1期。

一支专业的执法队伍,不断提升司法公信力,是我国法治建设需要面对的重要课题。

在司法领域,执法队伍的素质和专业化水平的高低,直接与法律效果和社会效果相关联。在司法实践中,一次不公正的执法足以摧毁千百次的教导。正义不仅要实现,而且还要以看得见的方式实现。这就要求司法机关的执法队伍在执法过程中,体现出执法的专业、规范、公正和公平。这既是提高执法水平的现实需要,也是人民群众对司法公平正义的期待。

执法队伍专业化建设就是通过选拔具有一定专业知识和技能水平的人员加入执法队伍,并对执法人员进行专业的培训,不断提高执法人员的专业水平和业务能力。通过建立完善选拔、管理和考核制度体系,从而提升执法人员的执法水平。

二、执法队伍专业化的基本要求

在司法实践中,存在部分执法人员不按照法律规定的标准严格执法,不按照规定的程序而随意执法,甚至有个别执法人员出现暴力执法等现象,严重损害司法形象和司法权威。这些问题也反映出执法队伍的执法水平还有待提高,执法队伍专业化建设还需要进一步加强。在司法领域,执法队伍专业化建设要满足以下几方面的要求:

(一)执法队伍的专业知识要求

执法的水平和专业化程度与执法者的专业知识结构具有一定的相关性。执法人员在执法过程中,要运用一定的专业知识作为支撑。因此,执法人员应当从具有相关专业学科背景的人员中进行选拔,不能让一些不具备相关专业知识的人员进入执法队伍。

(二)执法队伍的学历层次要求

为了提升整个执法队伍的专业化水平,对执法人员不仅要有专业知识方面的要求,而且,对执法人员的学历也应当提出要求。在目前,根据我国的实际情况,执法人员一般应当具有本科及以上学历层次。当然,这还要根据执法队伍的年龄结构和现有执法人员的学历层次进行灵活处理,但对于新加入的执法人员应当作严格的要求。

(三)执法队伍的素质和能力要求

从某个角度讲,执法者在执法过程中的行为,间接地反映了司法机关的形象。在执法过程中,执法者的一言一行都将会接受来自被执法者和人民群众的监督。执法人员的素质和能力高低也与执法的效果紧密相关。因此,一支专业化的执法队伍必须要具备较高的综合素质和能力。只有这样,才能不断提高执法的水平和质量。

三、执法队伍专业化的主要措施

(一) 建立社区矫正人民警察队伍

社区矫正是一种刑罚执行方式,刑罚执行需要以国家强制力作后盾。[1] 但现实情况是,由于法律没有赋予社区矫正工作人员执法权。因此,对于罪犯在社区矫正中出现的对抗管教甚至是暴力行为,社区矫正工作人员无法对其采取强制措施,这给社区矫正工作的顺利开展带来了一定的障碍。为此,我国北京、上海等地在社区矫正工作中,借调了 3000 多名监狱、公安、劳教、戒毒人民警察从事社区矫正。实践证明,这有利于增强执法的权威性和严肃性。[2]

2016 年 12 月 28 日,陈光中教授在《社区矫正法》征求意见会上指出:"社区矫正最好配备少量的警察予以协助。因为社区矫正面向的对象是犯罪分子,还有一定的人身危险性。"[3] 高一飞教授认为,应当将《征求意见稿》中的"社区矫正机构工作人员"修改为"社区矫正执法人员",并将社区矫正执法人员纳入司法行政警察队伍。[4]

根据我国目前的实际情况,可以考虑在县市以上的司法局设立 1~2 个社区矫正人民警察岗位,组建一支专门的社区矫正人民警察队伍,按照警察管理体制进行管理。这有利于解决社区矫正队伍的地位和职业保障问题。同时,这既是暂予监外执行执法队伍专业化建设的需要,也是提高执法水平和执法公信力的现实需求。

---

[1] 参见 [美] 克莱门斯·巴特勒斯:《矫正导论》,孙晓雳等译,中国人民公安大学出版社 1991 年版,第 22 页。

[2] 参见刘强:"对《社区矫正法(征求意见稿)》的修改建议",载 http://mt.sohu.com/20161222/n476645740.shtml。

[3] 参见李豪、蔡长春:"完善社区矫正制度提升社区矫正立法质量",http://www.legaldaily.com.cn/index/content/2016-12/29/content_6937141.htm?node=20908。

[4] 参见高一飞、汪友海:"社区矫正法应明确执法人员地位与职权",载《检察日报》2017 年 2 月 6 日,第 3 版。

（二）加强对社区矫正人民警察队伍的培训和考核力度

加强对社区矫正人民警察队伍的培训和考核力度，是提高社区矫正人民警察的执法能力和执法水平的重要途径。按照不同的职能对警察进行分类、设计不同的培训管理制度是公安执法规范化和法治化的基础。[1]因此，成立社区矫正人民警察队伍后，要通过举办形式多样的各种培训来提高执法人员的业务水平。

同时，要按照人民警察队伍的管理考核方式，健全社区矫正人民警察的管理考核体系。近年来，200万公安民警走进考场参加资格考试，考试结果与晋职晋升等挂钩。没通过基本级执法资格考试的将被禁止执法办案。[2]通过建立健全考核、奖励等制度，大力推进社区矫正执法队伍的专业化建设。

第六节　社会支持主体多元化

党的十八届四中全会明确提出，要充分发挥人民团体和社会组织在法治社会建设中的积极作用。司法社会支持体系是将法律运行从国家层面延伸到社会领域，对于切实维护法治秩序等方面具有重要作用。

一、社会支持主体多元化的基本内涵

改革开放以来，社会支持体系建设取得了丰硕的成果。人民调解制度日益完善，群众性法治宣传教育蓬勃发展。[3]这对我国司法体系的建设和完善具有重要的促进作用。

社会支持是指由正式或非正式的社会网络向特定对象提供物质或精神上的帮助。[4]社会支持体系是由社会支持主体、客体和介体组成的一个多维系统。[5]

---

[1] 参见傅达林："公安执法，以专业化促规范化"，载《人民日报》2016年5月23日，第5版。

[2] 参见周斌："提升公安执法公信力维护群众权益"，http://finance.sina.com.cn/sf/news/2016-05-30/092831577.html?from=wap。

[3] 参见柳玉祥："积极构建司法社会支持体系"，载《人民日报》2016年10月19日，第19版。

[4] 参见汪明亮："以一种积极的刑事政策预防弱势群体犯罪——基于西方社会支持理论的分析"，载《社会科学》2010年第6期。

[5] 参见张桂霞："非羁押性强制措施中社会支持体系的构建"，载《山东警察学院学报》2016年第4期。

社会支持主体实质上就是社会支持力量的提供者，包括正式的官方和社会组织以及非正式的民间志愿组织和亲友等；社会支持客体就是指社会支持的接受者；社会支持的介体是指通过什么样的途径、方式进行支持，也包括具体的支持内容等。社会支持力量的介入，有利于激发社会公众的主动参与性，发挥帮教对象的主观能动性，去适应社会生活和环境。[1]

社会支持主体多元化就是通过调动社会多方资源和力量，根据多元的社会规则，预防或化解矛盾，从而确保社会秩序的稳定。

二、社会支持主体多元化的基本要求

在司法系统中，社会支持体系就是通过各种帮扶手段，为被采取非羁押性强制措施的罪犯提供多元化的社会支持，最终实现促使其回归社会的终极目标。[2]社会支持体系的建立同样适用于暂予监外执行制度，对于在社区接受矫正的暂予监外执行人员，需要得到社会支持主体多元化的帮助，从而最终能够顺利回归社会。社会支持主体多元化应满足以下要求：

（一）社会支持的参与主体多元化

社会支持主体多元化首先要求社会支持主体的组成应该是多元的，而不是单一化的。社会支持力量的提供者不能仅仅局限于正式的官方机构或者是社会团体，还应该包括非正式的社会支持力量，如各种志愿者、家庭和朋友等团体或个体力量。

通过多元化支持主体的参与，整合各种社会支持主体的各种资源。从而，充分发挥社会支持主体在刑事司法领域的促进作用。

（二）社会支持主体提供支持的内容和方式多元化

一般而言，社会支持主体最为直接的支持方式是提供物质帮助，虽然物质对于大多数的接受者来说很重要，但不能忽视的是除物质支持外，还应提供学习教育、技能培训和心理疏导等多方面的社会支持。

支持方式的选择同样需要多元化，要注意避免采取强制与被强制的方式，因为社会支持体系与国家司法体系的运行方式是不同的，司法体系是依靠国

---

[1] 参见连春亮："社区矫正的社会支持系统及其作用"，载《山东警察学院学报》2010年第1期。

[2] 参见张桂霞："非羁押性强制措施中社会支持体系的构建"，载《山东警察学院学报》2016年第4期。

家强制力保障法律的实施,而社会支持体系的运行大多是以自律为动力,有时某些道德谴责和礼俗约束比国家强制力更有效。[1]所以,社会支持体系的运行一般应采用非强制性的方式。

三、社会支持主体多元化的主要措施

在暂予监外执行制度未来的改革中,应当以社会支持主体多元化为方向,具体需要从以下几个方面着手:

(一)政府要发挥在社会支持体系中的主导作用

在社会支持体系中,政府组织的支持起着至关重要的作用。作为社会支持主体的政府,一是应当加强对司法行政机关的政策支持。政府应给予承担矫正任务的社区矫正机构政策上的支持以及适当的倾斜,积极鼓励、支持和引导社会力量参与社区矫正的日常工作,从而弥补基层社区矫正工作力量薄弱的缺陷。通过社会力量的参与和补充,提高暂予监外执行人员接受社区矫正的效果。二是提供物质支持。在暂予监外执行人员中,保外就医的占比较大,而这类人员往往因为家庭经济条件较差而得不到很好的治疗。同时,社区矫正机构的正常运转和社会力量的有效参与都需要政府给予经费上的支持。三是政府要充分整合各种社会资源。政府应当积极发挥整合社会资源的优势,协调相关部门,动员社会组织、志愿者等力量,积极参与对暂予监外执行人员的帮教工作,帮助社区矫正人员顺利回归社会。

(二)社会团体要充分发挥社会支持的补充作用

社会团体支持是由非政府团体或组织主导的,这里主要是指各级工会、妇联、共青团、居住地社区等群团组织,利用群团组织特殊的组织优势为暂予监外执行人员提供多方面的帮扶支持。一是罪犯居住地的社区要积极提供多种帮扶支持。除社区矫正机构等司法行政机关对暂予监外执行人员进行教育矫正外,还要利用罪犯居住地的社区居民开展帮教工作。罪犯在社区矫正期间,要经常与社区的居民接触,使社区居民能够对其进行接纳,让其参与社区的活动,并提供一些必要的帮助。让暂予监外执行人员能够感受到来自大家的关心,从而树立对未来生活的信心,进而进行积极的自我改造。二是充分发挥企事业单位、心理咨询机构及福利机构的支持作用。通过社会自愿

---

[1] 参见柳玉祥:"积极构建司法社会支持体系",载《人民日报》2016年10月19日,第19版。

提供和政府购买服务相结合的方式，为暂予监外执行人员提供心理咨询、心理健康教育、思想政治教育、社会心理宣泄和疏导等方面的服务，使其在社区矫正期间减轻心理压力。同时，为其提供技能培训和工作岗位等。通过多方参与形成矫正合力，从而提高暂予监外执行人员接受社区矫正的效果。

（三）个体要充分发挥社会支持的促进作用

个体支持是由以血缘关系、业缘关系和地缘关系以及人道主义为基础的个人支持组成的综合性社会支持体系。[1]个体支持主要是来自家庭成员的支持和社区志愿者的支持。广义上的志愿者是指公民利用自己的专业技能和社会资源，在不以获取物质报酬为目的的前提下，自愿帮助他人解决困难的人。[2]这里主要是指与社区矫正相关的社区矫正志愿者。

1990年，联合国大会第45/110号决议通过的《联合国非拘禁措施最低限度标准规则》第18条表明了公众参与的重要性，鼓励一般公众向提倡采用非拘禁措施的自愿组织提供支持。[3]我国相关的法律法规也为社区矫正志愿者参与社区矫正帮扶工作提供了依据，如《社区矫正实施办法》第3条规定，志愿者在社区矫正机构的组织指导下参与社区矫正工作。[4]由此可见，社区矫正志愿者是我国社区矫正社会支持主体的重要组成部分。

社区矫正志愿服务在司法实践中得到了一定发展，但在社区矫正中，还存在志愿者活动的参与人数少、基础薄弱，没有形成应有的规模和社会效应；志愿者的整体素质和意识有待提高；志愿者职责不明确，行政主导力度过大等问题。[5]因此，应当建立健全社区矫正志愿者的长效机制。在政府主导下，通过与团委、妇联等相关单位以及学校、志愿者社团、家庭等社会力量的联系，共同开展帮教矫正工作。[6]形成完善的个体社会支持体系，提高矫正的质量和效果。从而，充分发挥个体在社会支持体系中的促进作用。

---

[1] 参见汪明亮：“以一种积极的刑事政策预防弱势群体犯罪——基于西方社会支持理论的分析”，载《社会科学》2010年第6期。

[2] 参见纪天田、苏立宁："我国社区志愿者队伍建设中的问题及对策研究"，载《安徽行政学院学报》2015年第6期。

[3] 参见叶慧娟："志愿者：社区矫正制度功能实现的重要补足"，载《兰州学刊》2013年第11期。

[4] 参见《社区矫正实施办法》第3条。

[5] 参见叶慧娟："志愿者：社区矫正制度功能实现的重要补足"，载《兰州学刊》2013年第11期。

[6] 参见陈绍斌：《涉罪流动人员取保候审实务》，法律出版社2014年版，第21页。

附 录
暂予监外执行人员问卷调查表

一、您的性别（　　）

A. 男　　　　　　　　B. 女

二、您的年龄（　　）

三、您属于下列中的哪种情况　（　　）

A. 保外就医　　　　　B. 生活不能自理

C. 怀孕或哺乳自己的婴儿

四、到特定场所是否向社区矫正机构办理了手续（　　）

A. 按照规定办理　　　B. 没有办理

五、每月参加社区服务的时间　（　　）

A. 8 小时以上　　　　B. 8 小时以下

C. 没有参加劳动

六、每月参加学习的时间（　　）

A. 8 小时以上　　　　B. 8 小时以下

C. 没有参加学习　　　D. 社区没有组织

七、自人民法院判决、裁定生效之日或离开监所之日起是否在 10 日内到您居住地司法局报到（　　）

A. 是　　　　　　　　B. 否

C. 10~15 日内　　　　D. 15 天以上

八、您在县级司法局办理登记手续后，是否在 3 日内到指定的司法所接受矫正（　　）

A. 是　　　　　　　　B. 否

C. 3~5 天　　　　　　D. 5 天以上

九、县司法局是否对您的居住情况、家庭和社会关系等方面进行了调查（　　）

A. 是　　　　　　　　B. 否

十、您是由哪个机构决定批准暂予监外执行的（　　）

A. 法院　　　　　　　B. 监狱

C. 看守所

十一、您是由监狱或者看守所送至您居住地的县司法局办理交接手续吗？（　　）

A. 是　　　　　　　　B. 否

十二、如果您是由人民法院决定暂予监外执行的，是否由您居住地的县司法局派员到法庭来办理交接手续（　　）

A. 是　　　　　　　　B. 否

C. 是自己到居住地司法局报到

十三、您进入社区矫正机构接受矫正时，司法所是否向您宣告了判决书、决定书、执行通知书以及矫正注意事项（　　）

A. 是　　　　　　　　B. 否

十四、您在矫正期间，多长时间向司法所报告遵纪守法、参加学习教育、社区服务和社会活动情况（　　）

A. 15 天　　　　　　　B. 30 天

C. 60 天　　　　　　　D. 60 天以上

E. 没有报告过

十五、如果您属于保外就医，是否定期向司法所报告本人的身体情况（　　）

A. 是　　　　　　　　B. 否

C. 1 个月以上　　　　　D. 3 个月以上

E、从未报告

十六、您进入人民法院禁止的特定区域或场所，是否得到了司法所的批准（　　）

A. 是　　　　　　　　B. 否

十七、您离开自己所居住地市、县，是否经过了司法所的审批（　　）

A. 是　　　　　　　　B. 否

十八、您的居住地发生了变化，是否提前一个月向司法所书面报告（　　）

A. 是　　　　　　　　B. 否

C. 没有提交书面报告

十九、司法所多长时间到您所在单位、居住地社区了解您的思想动态和现实表现（　　）

A. 一个月　　　　　　B. 2个月
C. 3个月　　　　　　D. 6个月及以上
E. 没有了解

二十、您对社区矫正的建议意见：

_____

_____

感谢您的参与！

参考文献

一、著作类

1. 卞建林、孙长永主编:《全面推进依法治国与刑事诉讼制度改革》,中国人民公安大学出版社 2016 年版。
2. 白泉民主编:《监所检察一本通》,中国检察出版社 2009 年版。
3. 白泉民主编:《刑罚变更执行法律监督制度研究》,中国检察出版社 2009 年版。
4. 陈瑞华:《程序性制裁理论》,中国法制出版社 2010 年版。
5. [意] 杜里奥·帕多瓦尼:《意大利刑法学原理》,陈忠林译,法律出版社 1998 年版。
6. [美] 大卫·杜菲:《美国矫正政策与实现》,中国人民公安大学出版社 1992 年版。
7. [德] 克劳思·罗科信:《德国刑事诉讼法》,吴丽琪译,法律出版社 2003 年版。
8. [德] 约阿希姆·赫尔曼:《德国刑事诉讼法典》,李昌珂译,中国政法大学出版社 1995 年版。
9. 但未丽:《社区矫正:立论基础与制度构建》,中国人民公安大学出版社 2008 年版。
10. 冯卫国:《行刑社会化研究——开放社会中的刑罚趋向》,北京大学出版社 2003 年版。
11. 郭建安、郑霞泽主编:《社区矫正通论》,法律出版社 2004 年版。
12. 郭建安译:《加拿大矫正与有条件释放法》,中国政法大学出版社 2001 年版。
13. 郭华主编:《刑事执行程序》,中国人民公安大学出版社 2011 年版。
14. 高一飞、龙飞:《司法公开基本原理》,中国法制出版社 2012 年版。
15. 高一飞:《检务公开基本原理》,中国检察出版社 2015 年版。
16. 高一飞:《看守所观察与研究》,中国民主法制出版社 2015 年版。
17. 高伟:《刑事执行制度适用》,中国人民公安大学出版社 2012 年版。
18. 黄道秀、李国强译:《俄罗斯联邦刑事执行法典》,中国政法大学出版社 1999 年版。
19. 黄道秀等译:《俄罗斯联邦刑法典》,北京大学出版社 2008 年版。
20. 黄华生:《论刑罚轻缓化》,中国经济出版社 2006 年版。
21. 韩玉胜:《刑事执行制度研究》,中国人民大学出版社 2007 年版。
22. 韩玉胜等:《刑事执行法学研究》,中国人民大学出版社 2007 年版。

23. 韩玉胜：《宽严相济刑事司法政策与监狱行刑改革研究》，中国检察出版社 2010 年版。
24. 胡虎林等：《社区矫正实务》，浙江大学出版社 2007 年版。
25. 侯国云主编：《刑罚执行问题研究》，中国人民公安大学出版社 2005 年版。
26. 龙宗智：《检察官客观义务论》，法律出版社 2014 年版。
27. 龙宗智等：《知识与路径：检察学理论体系及其探索》，中国检察出版社 2011 年版。
28. 刘瑞瑞：《刑事执行法学》，广西师范大学出版社 2009 年版。
29. 刘强主编：《社区矫正制度研究》，法律出版社 2007 年版。
30. 刘强主编：《社区矫正组织管理模式比较研究》，中国法制出版社 2010 年版。
31. 刘强编著：《美国刑事执法的理论与实践》，法律出版社 2000 年版。
32. 刘强主编：《各国（地区）社区矫正法规选编及评价》，中国人民公安大学出版社 2004 年版。
33. 刘强编著：《美国社区矫正的理论与实务》，中国人民公安大学出版社 2003 年版。
34. 李昌珂译：《德国刑事诉讼法典》，中国政法大学出版社 1995 年版。
35. 李春雷：《中国近代刑事诉讼制度变革研究》，北京大学出版社 2004 版。
36. 伦朝平等：《刑事诉讼监督论》，法律出版社 2007 年版。
37. 鲁兰：《中日矫正理念与实务比较研究》，北京大学出版社 2005 年版。
38. 廖斌、何显兵：《社区建设与犯罪防控》，人民法院出版社 2003 年版。
39. 罗结珍译：《法国刑事诉讼法典》，中国法制出版社 2006 年版。
40. ［美］安吉娜·J. 戴维斯：《专横的正义——美国检察官的权力》，李昌林、陈川陵译，中国法制出版社 2012 年版。
41. 翟中东主编：《自由刑变革——行刑社会化框架下的思考》，群众出版社 2005 年版。
42. 翟中东：《刑罚个别化研究》，中国人民公安大学出版社 2001 年版。
43. ［日］田口守一：《刑事诉讼法》，法律出版社 2000 年版。
44. 孙长永：《日本刑事诉讼法导论》，重庆大学出版社 1993 年版。
45. 孙长永主编：《刑事诉讼法学（第二版）》，法律出版社 2013 年版。
46. 孙长永等：《中国地方性刑事司法规则研究》，法律出版社 2016 年版。
47. 孙长永等：《犯罪嫌疑人的权利保障研究》，法律出版社 2011 年版。
48. 孙长永：《刑事司法论丛（第 3 卷）》，中国检察出版社 2015 年版。
49. 孙长永主编：《刑事诉讼法学（第三版）》，法律出版社 2016 年版。
50. 孙长永主编：《诉讼法学讲演录（第 2 卷）》，法律出版社 2010 年版。
51. 孙平主编：《监狱管理理论与实务》，中国政法大学出版社 2004 年版。
52. 宋英辉等：《外国刑事诉讼法》，北京大学出版社 2011 年版。
53. 宋英辉译：《日本刑事诉讼法》，中国政法大学出版社 2000 年版。
54. 司绍寒：《德国刑事执行法研究》，中国长安出版社 2010 年版。

55. 盛美军等：《法律监督运行机制研究》，中国检察出版社 2009 年版。
56. 田凯主编：《执行监督论》，中国检察出版社 2010 年版。
57. 王顺安：《刑事执行法学通论》，群众出版社 2005 年版。
58. 王宏玉：《非监禁刑问题研究》，中国人民公安大学出版社 2008 年版。
59. 王志亮：《外国刑罚执行制度研究》，广西师范大学出版社 2008 年版。
60. 王增铎等主编：《中加矫正制度比较研究》，法律出版社 2001 年版。
61. 吴宗宪等：《非监禁刑研究》，中国人民公安大学出版社 2003 年版。
62. 吴宗宪：《社区矫正比较研究》，中国人民大学出版社 2011 年版。
63. 谢佑平：《中国检察监督的政治性与司法性研究》，中国检察出版社 2010 年版。
64. 谢望原译：《丹麦刑法典与丹麦刑事执行法——外国刑法典译丛》，北京大学出版社 2005 年版。
65. ［意］贝卡利亚：《论犯罪与刑罚》，黄风译，北京大学出版社 2008 年版。
66. 尹吉、倪培兴：《当代中国检察监督体制研究》，中国检察出版社 2008 年版。
67. 袁登明：《行刑社会化研究》，中国人民公安大学出版社 2005 年版。
68. 袁其国：《刑事执行检察论》，中国检察出版社 2016 年版。
69. 周育平、刘美华主编：《监所检察工作规范操作手册》，中国检察出版社 2012 年版。
70. 周娅：《短期自由刑研究》，法律出版社 2006 年版。
71. 张明楷：《刑法学》，法律出版社 2016 年版。
72. 张传伟：《我国社区矫正运行模式研究》，山东大学出版社 2010 年版。
73. 张传伟：《我国社区矫正制度的趋向》，中国检察出版社 2006 年版。
74. 张峰、连春亮：《行刑与罪犯矫治社会化研究》，群众出版社 2007 年版。
75. 张文学主编：《刑罚执行变更理论与实务》，人民法院出版社 2000 年版。

二、论文类

76. 陈瑞华："刑事诉讼法修改对检察工作的影响"，载《国家检察官学院学报》2012 年第 4 期。
77. 陈建佑、陈勋："当前保外就医病残鉴定工作中存在的问题"，载《中国司法鉴定》2008 年第 1 期。
78. 程紫平："监外执行罪犯脱管漏管问题的调查与思考"，载《人民检察》2008 年第 10 期。
79. 张雪姐："刑罚执行监督权的立法完善"，载《法学》2006 年第 8 期。
80. 陈晓明："西方国家的社区处遇及对我们的借鉴意义"，载《犯罪与改造研究》2002 年第 10 期。
81. 蔡国芹、赵增田："暂予监外执行制度的现实困境及其出路"，载《法治论丛》2011 年第 3 期。
82. 丁钢全："我国暂予监外执行制度的困境与出路——一个比较法视角的分析"，载《甘肃行政学院学报》2006 年第 2 期。
83. 樊崇义、吴光升："宽严相济与刑事执行"，载《中国司法》2007 年第 6 期。
84. 樊崇义："法律监督职能哲理论纲"，载《人民检察》2010 年第 1 期。
85. 裴以冈、何正荣："暂予监外执行决定应当告知被害人"，载《人民检察》2005 年第 19 期。
86. 顾永忠："论看守所职能的重新定位：以新《刑事诉讼法》相关规定为分析背景"，载《当代法学》2013 年第 4 期。
87. 高一飞、李慧："狱务公开的现状评估与完善建议"，载《河北法学》2016 年第 4 期。
88. 高一飞："检务公开现状评估与完善建议"，载《国家检察官学院学报》2016 年第 4 期。
89. 高一飞、张绍松："我国减刑假释程序公开的观察与反思"，载《时代法学》2015 年第 5 期。
90. 高一飞、吕阳："中国刑事裁判文书上网公开的评估与建议"，载《电子政务》2016 年第 2 期。
91. 高一飞、吴鹏："刑事审判流程公开的实证分析"，载《昆明理工大学学报（社会科学版）》2015 年第 5 期。
92. 高一飞、冯晋流："我国暂予监外执行信息公开的评估与建议"，载《中国监狱学刊》2015 年第 5 期。
93. 高一飞、齐娅林："狱务公开方式的机制创新"，载《中国司法》2016 年第 3 期。
94. 高一飞、曾静："监狱网络平台建设：十年回顾与反思"，载《西部法学评论》2016 年第 4 期。
95. 高一飞："警务公开的现状评估与完善建议"，载《贵州民族大学学报（哲学社会科学版）》2016 年第 5 期。
96. 高一飞、苗海丽："狱务信息向社会公开的方式与机制"，载《中国监狱学刊》2016 年第 1 期。
97. 郭华："社区矫正与刑事诉讼法的对接机制——基于'两高''两部'《社区矫正实施办法》的展开"，载《中国司法》2012 年第 3 期。
98. 侯启舞："暂予监外执行的权利性质及制度完善"，载《西部法学评论》2011 年第 6 期。
99. 胡江："假释与监外执行之比较研究"，载《法治研究》2009 年 10 期。
100. 龙宗智："实施检察监督的基本原则和有效监督的技术支持"，载《人大研究》2004 年第 4 期。

101. 刘爱童："社区矫正法律制度探究——以城市社区为视角"，载《法学评论》2012 年第 6 期。
102. 刘强："我国社区矫正试点中的管理体制弊大于利"，载《法学》2005 年第 9 期。
103. 林睦翔："论暂予监外执行的检察监督"，载《甘肃社会科学》2006 年第 1 期。
104. 林礼兴："监外执行检察的内涵与特点刍议"，载《人民检察》2007 年第 16 期。
105. 李雅新、徐晓亮："监所检察机构改革初探"，载《中国检察官》2013 年第 9 期。
106. 刘吉山："刑罚变更执行监督存在的问题及解决对策"，载《当代法学》2011 年第 5 期。
107. 连春亮："论社区矫正的宽容性"，载《犯罪与改造研究》2007 年第 7 期。
108. 闫亚莉、苏云姝："论暂予监外执行检察监督机制之完善"，载《西华大学学报（社会科学版）》2013 年第 2 期。
109. 翟中东："刑罚执行社会化的国际现状与我国的发展趋势"，载《江西社会科学》2004 年第 5 期。
110. 曲虹、邹时楠："当前刑罚执行监督工作中的问题及解决之道"，载《人民检察》2004 年第 6 期。
111. 屈新、何显兵："论监外执行制度的改革与完善"，载《人民司法》2004 年第 3 期。
112. 宋维彬："新刑事诉讼法实施中的检察监督"，载《国家检察官学院学报》2013 年第 3 期。
113. 桑爱英："社区矫正中的检察监督"，载《云南民族大学学报（哲学社会科学版）》2011 年第 1 期。
114. 尚爱国："暂予监外执行若干争议问题研究"，载《人民检察》2008 年第 7 期。
115. 沈言："暂予监外执行罪犯服刑时间的计算"，载《人民司法》2009 年第 22 期。
116. 汤啸天："社区矫正试点与矫正质量的提高"，载《当代法学》2004 年第 4 期。
117. 万毅："刑罚暂停执行制度：暂予监外执行制度改革的新思路"，载《人民检察》2004 年第 10 期。
118. 关宁："刑罚变更执行同步监督机制研究"，载《法治论坛》2011 年第 2 期。
119. 王恩海："社区矫正的检察监督"，载《法学》2007 年第 8 期。
120. 王吉霞、苏世利："罪犯保外就医中存在的问题与检察监督之强化"，载《人民检察》2007 年第 4 期。
121. 王晔、苏云姝："新刑事诉讼法背景下的暂予监外执行制度考量"，载《预防青少年犯罪研究》2012 年第 11 期。
122. 王顺安："社区矫正的法律问题"，载《政法论坛》2004 年第 2 期。
123. 吴宗宪："论对剥权犯实行社区矫正的必要性"，载《中国司法》2012 年第 2 期。
124. 徐青等："开展核查纠正监外罪犯脱管漏管专项检察工作的有效措施"，载《中国检察官》2007 年第 12 期。
125. 肖顺禄、王芳玲:"构建刑罚监外执行新机制初探",载《中国检察官》2009 年第 8 期。
126. 许旭、何康:"暂予监外执行制度解读:以新修订刑事诉讼法为切入点",载《南华大学学报(社会科学版)》2013 年第 2 期。
127. 叶青:"对刑罚执行权的法律监督和制约",载《探索与争鸣》2010 年第 10 期。
128. 杨家庆、肖君拥:"人民检察院社区矫正监督权诠释",载《人民检察》2006 年第 5 期。
129. 杨文艳等:"罪犯监外执行工作的实践与思考",载《犯罪研究》2002 年第 5 期。
130. 杨正万:"被害人暂予监外执行的参与",载《贵州民族学院学报(哲学社会科学版)》2002 年第 4 期。
131. 尤君泽、尤胜利:"监外执行联合监督考察机制的构建与完善",载《人民检察》2008 年第 11 期。
132. 周伟:"保外就医病残鉴定之薄弱环节与制度完善",载《人民检察》2005 年第 14 期。
133. 周浩:"暂予监外执行的审批机关当统一",载《中国检察官》2005 年第 2 期。
134. 周雨臣:"美国刑事执行制度考察",载《中国司法》2008 年第 3 期。
135. 张曦:"法律监督在适用社区矫正中的形式构造",载《西南政法大学学报》2010 年第 6 期。
136. 张永银:"从五个方面完善社区矫正检察监督",载《人民检察》2010 年第 8 期。
137. 张晶、周芳建:"浅议我国暂予监外执行制度的完善",载《云南大学学报(法学版)》2011 年第 5 期。
138. 朱立恒:"我国刑事检察监督制度改革研究初探——以刑事检察监督的弹性化为中心",载《法学评论》2010 年第 1 期。
139. 郑华:"完善暂予监外执行工作的设想",载《人民检察》2003 年第 5 期。
140. 曾国建等:"减刑、假释、暂予监外执行同步监督机制研究",载《北京人民警察学院学报》2010 年第 2 期。
141. 罗亚华、郑福建:"派驻监管场所检察监督工作机制改革研究",载《中国刑事法杂志》2009 年第 10 期。

三、外文文献

142. Ronald L. Carlson, *Criminal Justice Procedure*, Anderson Publishing Co, 1991.
143. Stefan Trechsel, *Human Rights in Criminal Proceedings*, Oxford University Press, 2005.
144. Alfred Blumstein, Joel Wallman, *The Crime Drop in America*, Cambridge University Press,

2006.
145. Eric J. Wodahl, Brett Garland, "The Evolution of Community Corrections", *Prison Journal*. Vol. 89, 2009.
146. Peter Murphy, *Murphy on Evidence*, Oxford University Press, 2003.
147. Taylor M. , "Structure, Culture and Action in the Expiation of Social Change", *Politics and Society*, Vol. 17, No. 2, 1989.
148. Christopher B. Mueller, Laird C. Kirkpatrick, *Evidence Under The Rules*, Little, Brown and Company, 1993.
149. M. N. Howard, *Phipson on Evidence*, Sweet&Maxwell Limited, 2000.
150. Christopher Slobogin, "Dangerousness and Expertise Redux", *Emory Law Journal*, Vol. 56, No. 2, 2006.
151. Arthur Conan Doyle, *Sherlock Holmes, The sign of FOUR*, Broadview Press, 2001.
152. Josephine Ross, *Reforming Good Character Evidence to Undercut the Presumption of Guit*, Pitt. L. Rev, 2004.
153. Edward J. L. , Brian L. , "The Role of Offender Risk Assessment: A Policy Maker Guide", *Victims & Offenders*, 2010.

后 记

本书是我的博士学位论文修改而成的,本计划在收集更多暂予监外执行相关的司法实践数据之后再出版,因为暂予监外执行属于刑罚执行领域的问题,对此问题的深入研究需要大量的数据作为支撑,但由于各种原因相关资料收集却未能如愿。受各种主客观因素的制约,本书仅仅是对暂予监外执行制度的初步研究,还有诸多不足:

一是资料收集难度较大,实证研究不够深入。暂予监外执行属于刑罚执行范畴,对暂予监外执行制度的研究,需要通过大量的实践数据进行分析,找到实践中存在的问题,从而提出更有针对性的建议。虽然通过对全国法院减刑、假释、暂予监外执行信息网公布的数据进行了统计分析,也到司法行政机关以及与暂予监外执行人员进行了面对面的交流访谈。但这种研究方法有一定的局限性,由于网上公布的数据较少,也无法通过官方渠道得到全国准确而全面的数据。因此,在实证方面还需要持续深入进行研究。

二是比较研究不够充分。由于暂予监外执行制度是一项具有中国特色的刑罚执行制度,通过前文的分析,学术界对暂予监外执行制度的研究还没有引起足够的重视,深入研究的成果还比较少。因此,对国外的研究也比较少见,更没有引起学界的足够关注。但国外的相似制度对我国暂予监外执行制度的改革完善有一定的借鉴意义。比如德国的推迟或中断自由刑制度、日本的停止执行刑罚制度、俄罗斯的延期执行制度,等等。这些制度虽然与我国的暂予监外制度有很大不同,但都体现了刑罚执行轻缓化和人性化的特征。因此,如果能够对国外相似制度进行全面而系统的研究,将有助于我们以更加开阔的视野来解决司法实践中存在的相关问题。当然,充分的比较法研究,不仅需要对相关制度本身进行研究,还需要研究这些制度在各国司法实践中的实际运行状况。因此,这将是一个长期的、持续关注的课题。

三是跨学科研究不够。暂予监外制度中很多内容都与刑法有着密切的联

后 记

系,但受制于学科背景的局限和本人研究精力有限,无法对刑法相关的问题进行深入的研究。

客观来讲,暂予监外执行是一个相对偏冷的主题,还没有引起学界乃至实务界足够多的关注。但暂予监外执行却是一个值得深入研究的课题,对于这一有研究价值的课题,目前的研究也才刚刚起步。因此,有必要对这一课题继续进行研究。将来的研究除了在方法上应当有所改进外,以下几个方面的问题值得深入研究:

一是关于暂予监外执行与终身监禁的关系研究。2015年8月29日,第十二届全国人民代表大会常务委员会第十六次会议通过《中华人民共和国刑法修正案(九)》,新设了终身监禁制度,自2015年11月1日起施行。终身监禁是一种刑罚执行措施,它是指对贪污、受贿行为,罪行极其严重,判处死刑缓期执行二年期满,依法减为无期徒刑后,不得减刑、假释的一种刑罚执行措施。如果终身监禁的罪犯出现了身患严重疾病甚至是危及其生命等特殊情况,是否可以适用暂予监外执行?如果不允许适用暂予监外执行那是否造成对罪犯合法的人身权益的一种侵犯?如果适用又该如何加强管理等问题还值得深入研究。

二是进一步深入研究暂予监外执行中的保外就医问题。近年来,违法保外就医的现象较为突出,也是暂予监外执行中容易滋生司法腐败的环节。但保外就医的鉴定程序如何进行规范?如何更加有效地堵住鉴定环节的漏洞?保外就医的鉴定人该如何选拔和产生?保外就医鉴定人的权、责、利究竟该如何设定?鉴定报告的性质是属于证据还是具有司法鉴定属性等问题都需进一步深入探讨。

三是研究如何处理恶意逃避刑罚的行为。根据我国法律规定,对于自伤自残,或者不配合治疗以及适用暂予监外执行可能有社会危险性的罪犯,不得暂予监外执行。但没有对于采取连续多次怀孕、流产又怀孕的情况作出规定,导致在司法实践中出现女性罪犯通过恶意怀孕或流产后而无法对其进行收监执行的现象,执法人员面对此种情况也非常无奈。这无疑严重妨碍了司法公正,损坏了司法权威。如四川籍妇女杨阿美(化名)从2005年开始实施盗窃,之后的10年内8次因盗窃被抓,但每次都因杨某处于怀孕或在哺乳期而被暂予监外执行，10年里她至少怀孕4次。[1]面对这类特殊罪犯，收监与不收监都面临尴尬处境，这给刑罚执行带来了很多困惑。如何解决这一难题，同样值得进一步深入研究。

四是进行深入全面的实证研究。一方面是加强对国内问题的实证研究。通过抽样调查、访谈以及个案跟踪观察等方式进行更加深入的实证研究，全面了解基层司法所对暂予监外执行罪犯在社区矫正中存在的问题和实际做法。另一方面是加强对国外的实证研究。通过研究国外的相关案例和实证资料，对实际运行效果等方面进行深入了解，以便对我国暂予监外执行制度的改革与完善提供更有价值的借鉴。本书的出版是暂予监外执行制度研究的一个开始，有关暂予监外执行相关的问题还有许多值得深入研究的内容，我也将对此进行持续关注和深入研究。

本书出版之际，特别感谢我的博士生导师高一飞教授。高老师学识渊博、治学严谨，对学生关怀备至，指导细致入微。无论是日常的学习，还是博士论文的写作，老师都倾注了大量的心血。感谢孙长永教授、龙宗智教授、李昌林教授、潘金贵教授、刘梅湘教授、熊德米教授等老师在我的求学路上给予的指导和关心。

感谢我工作单位的领导、同事给予的鼓励和帮助，感谢中国政法大学出版社魏星编辑的全心付出，最后要感谢我的家人给予的理解和支持。

本书的内容难免会有疏漏甚至错误之处，恳请读者批评指正！

汪友海
2019年6月于重庆南山

---

[1] 参见沈寅飞、屈雅静："孕妇惯偷难收监，人性化难保威慑力？"，载《检察日报》2016年12月16日，第4版。